最新法律文件解读丛书

行政与执行法律文件解读

XINGZHENG YU ZHIXING FALÜ WENJIAN JIEDU

人民法院出版社 编

总第233辑 2024.05

人民法院出版社

图书在版编目（CIP）数据

行政与执行法律文件解读. 总第233辑 / 人民法院出版社编. -- 北京 : 人民法院出版社, 2024. 10. --（最新法律文件解读丛书）. -- ISBN 978-7-5109-4212-9

Ⅰ. D922.105

中国国家版本馆CIP数据核字第2024N82Q17号

行政与执行法律文件解读 · 总第 233 辑

人民法院出版社　编

责任编辑　丁塞峨
出版发行　人民法院出版社
地　　址　北京市东城区东交民巷 27 号　邮编　100745
电　　话　(010)67550656(责任编辑)　67550558(发行部查询)
　　　　　　65223677(读者服务部)
客服 QQ　2092078039
网　　址　http://www.courtbook.com.cn
E - mail　courtbook@sina.com
印　　刷　三河市国英印务有限公司
经　　销　新华书店
开　　本　787 毫米×1092 毫米　1/16
字　　数　115 千字
印　　张　8
版　　次　2024 年 10 月第 1 版　　2024 年 10 月第 1 次印刷
书　　号　ISBN 978-7-5109-4212-9
定　　价　28.00 元

卷首语

优化政务服务、提升行政效能是优化营商环境、建设全国统一大市场的必然要求，对加快构建新发展格局、推动高质量发展具有重要意义。为深入推动政务服务提质增效，在更多领域更大范围实现“高效办成一件事”，进一步提升企业和群众获得感，国务院于2024年1月9日公布了《关于进一步优化政务服务提升行政效能推动“高效办成一件事”的指导意见》（以下简称《意见》），本辑重点收录了《意见》，以方便读者学习、理解与适用。

同时，为深入贯彻落实《意见》，推动企业信息变更、企业注销和开办餐饮店“一件事”高效办理，提升企业和群众获得感，国家市场监督管理总局、公安部、人力资源和社会保障部、住房和城乡建设部、海关总署、中国人民银行、国家税务总局、国家消防救援局联合发布了《关于进一步优化政务服务提升行政效能推进“高效办成一件事”的实施意见》（以下简称《实施意见》），本辑“部门规章、规章性文件与解读”栏目收录了《实施意见》及其解读，让读者深入了解《实施意见》的起草背景、主要内容、实施方案等，方便读者领会《意见》《实施意见》的精神与精髓。

为进一步加强对人民法院执行工作的监督管理，推进交叉执行工作法治化、规范化、常态化运行，加快实现切实解决执行难目标，最高人民法院根据民事诉讼法及有关司法解释规定，结合人民法院执行工作实际，发布《最高人民法院关于交叉执行工作的指导意见》，本辑“司法解释、司法指导性文件与解读”栏目收录了该意见及其解读，帮助读者进一步明确交叉执行工作的目标、基本原则、适用范围、方式选择、程序衔接、监督管理等工作机制，也便于各级人民法院正确理解、贯彻该意见。

最新法律文件解读丛书
编　辑　部

兰丽专　（010）67550626

丁丽娜　（010）67550608

杨晓燕　（010）67550508

杨　洁　（010）67550562

路建华　（010）67550660

丁塞峨　（010）67550656

投稿邮箱：

《刑事法律文件解读》　5184621@ qq. com

《民事法律文件解读》　1216921515@ qq. com

《商事法律文件解读》　shangshijiedu@ 126. com

《行政与执行法律文件解读》　1290312696@ qq. com

目录

行政法规、法规性文件与解读

司法解释、司法指导性文件与解读

部门规章、规章性文件与解读

指导案例、典型案例与解读

司法实务问题研究

新类型疑难案例选评

行政法规、法规性文件与解读

国务院

关于进一步优化政务服务提升行政效能推动“高效办成一件事”的指导意见

2024 年 1 月 9 日　　国发〔2024〕3 号

各省、自治区、直辖市人民政府，国务院各部委、各直属机构：

优化政务服务、提升行政效能是优化营商环境、建设全国统一大市场的必然要求，对加快构建新发展格局、推动高质量发展具有重要意义。为深入推动政务服务提质增效，在更多领域更大范围实现“高效办成一件事”，进一步提升企业和群众获得感，现提出以下意见。

一、总体要求

以习近平新时代中国特色社会主义思想为指导，全面贯彻落实党的二十大精神，坚持问题导向和目标导向相结合，从企业和群众视角出发，把“高效办成一件事”作为优化政务服务、提升行政效能的重要抓手，加强整体设计，推动模式创新，注重改革引领和数字赋能双轮驱动，统筹发展和安全，推动线上线下融合发展，实现办事方式多元化、办事流程最优化、办事材料最简化、办事成本最小化，最大限度利企便民，激发经济社会发展内生动力。

2024 年，推动线上线下政务服务能力整体提升，健全“高效办成一件事”重点事项清单管理机制和常态化推进机制，实现第一批高频、面广、问题多的“一件事”高效办理。到 2027 年，基本形成泛在可及、智慧便捷、公平普惠的高效政务服务体系，实现企业和个人两个全生命周期重要阶段“高效办成一件事”重点事项落地见效，大幅提升企业和群众办事满意度、获得感。

二、全面加强政务服务渠道建设

（一）推进线下办事“只进一门”。完善集约高效的线下政务服务体系，县级以上地方人民政府政务服务中心要合理设置综合服务窗口和专业服务窗口，除特殊情形外，原则上政务服务事项均应纳入政务服务中心集中办理，实现统一受理和一站式办理。有关部门单设的政务服务窗口应整合并入本级政务服务中心，确不具备整合条件的要纳入一体化管理，按统一要求提供规范服务。结合经济社会发展状况、人口分布情况，统筹推进乡镇（街道）便民服务中心和村（社区）便民服务站建设。鼓励在有条件、有需求的银行网点、邮政网点、园区等设置便民服务点，探索利用集成式自助终端提供“24 小时不打烊”服务。国务院部门可根据实际需要设立政务服务大厅，集中提供办事服务。

（二）推进线上办事“一网通办”。加强以国家政务服务平台为总枢纽、联通各地区各部门政务服务平台的全国政务服务“一张网”建设，推动更多高频事项网上办、掌上办、一次办，实现从网上可办向好办易办转变。加强省级政务服务平台网上统一受理端建设，推动办件信息实时共享，实现办事申请“一次提交”、办理结果“多端获取”。依托各级政务服务平台整合联通各类办事服务系统，推动各类政务服务事项和应用“应接尽接、应上尽上”，除法律法规另有规定或涉及国家秘密等外，政务服务事项全部纳入同级政务服务平台管理和办理。

（三）推进企业和群众诉求“一线应答”。依托12345政务服务便民热线加强政务服务热线归并，根据需要设置重点领域专席，不断提升12345热线接办效率，高效受理政务服务咨询、投诉、求助、建议和在线办理指导等诉求。建立健全“接诉即办”机制，更好发挥热线直接面向企业和群众的窗口作用，及时了解问题建议，推动解决服务问题。提高12345与110对接联动效率，科学合理分流非警务求助。加强12345热线与政务服务平台投诉建议体系、“好差评”体系等业务协同，打造便捷、高效、规范、智慧的政务服务“总客服”。

三、全面深化政务服务模式创新

（四）推进关联事项集成办。从企业和群众视角出发，将需要多个部门办理或跨层级办理，关联性强、办理量大、办理时间相对集中的多个事项集成办理，为企业和群众提供“一件事一次办”、“一类事一站办”服务。明确每个“一件事”的牵头部门和配合部门及各自职责，强化跨部门政策、业务、系统协同和数据共享。重构跨部门办理业务流程，优化前后置环节，推动申请表单多表合一、线上一网申请、材料一次提交。强化线上线下联动，开展并联审批、联合评审、联合验收等，大幅压减办理时长和办事成本。

（五）推进容缺事项承诺办。以政务服务部门清楚告知、企业和群众诚信守诺为基础，对风险可控、纠错成本低且能够通过事中事后监管有效防范风险的政务服务事项，推行“告知承诺+容缺办理”审批服务模式。根据政务服务事项实施难度、风险可控程度、服务对象信用状况等，采用申请材料后补或免交、实质审查后置或豁免等方式，签订告知承诺书，明确办理条件，约定责任义务。加强审批、监管、执法等部门协同，建立差异化的告知承诺事后核查和风险防范机制，并逐步推动将承诺和履约信息共享至全国信用信息共享平台。

（六）推进异地事项跨域办。聚焦企业跨区域经营和群众异地办事需求，持续推动更多政务服务事项省内通办、跨省通办，做到就近办、异地办。依托全国一体化政务服务平台“跨省通办”业务支撑系统，推动数据跨域共享、系统无缝衔接，实现异地事项一站式网上办理。优化线下代收代办服务模式，建立收件、办理两地窗口协同联动工作机制，明确代收代办相关单位责任分工。推动各级政务服务场所按需开设远程虚拟窗口，运用远程身份核验、音视频交互、屏幕共享等技术，为企业和群众提供远程帮办服务。支持京津冀、长三角、成渝等地区探索更多事项跨区域办理。

（七）推进政策服务免申办。全面梳理行政给付、资金补贴扶持、税收优惠等政策条件和适用规则，强化数据归集共享、模型算法和大数据分析支撑，精准匹配符合政策条件的企业和群众，推动逐步实现政策“免申即享”。对法律法规明确要求依申请办理的，为符合条件的企业和群众自动生成申请表、调用申请材料，并主动精准推送，便利自愿申请。优化政务服务平台企业和个人专属服务空间，丰富政策库，实现利企便民政策和服务精准直达。

四、全面强化政务服务数字赋能

（八）充分发挥政务服务平台支撑作用。依托全国一体化政务服务平台打造政务服务线上线下总枢纽，强化公共应用支撑体系建设，提升统一的自然人和法人身份认证、跨域电子印章验签、办件调度、用户管理等支撑能力。国务院部门要加快整合本领域政务服务业务系统，并与全国一体化政务服务平台以数据接口等方式对接联通，推动条块系统更好融合互通。各省（自治区、直辖市）要强化政务服务平台建设省级统筹，推动本地区政务服务平台事项标准统一、业务协同联动、服务同质高效，提升省级平台公共支撑能力和市级平台应用创新能力，原则上不再单独建设地市级以下政务服务平台。

（九）着力提升政务数据共享实效。完善政务数据共享责任清单机制，依托全国一体化政务服务平台数据共享枢纽，汇总政务数据共享需求，分批纳入国务院部门数据共享责任清单和垂直管理信息系统对接清单，推动国务院部门数据按需向地方回流和直达基层。持续提升政务数据质量，从源头加强数据治理，围绕企业和个人两个全生命周期编制“一企一档、一人一档”数据规范，推动实现“一数一源一标准”。深化电子证照数据共享应用，推动电子证照跨地区跨部门互通互认和扩大应用领域，原则上政府部门核发的材料免于提交、能够通过数据共享核验的事项免于提交证明材料、能够提供电子证照的免于提交实体证照。依法依规共享使用政务数据，加强全流程安全管理，加大对涉及商业秘密、个人信息等数据的保护力度。

（十）持续加强新技术全流程应用。按照成熟稳定、适度超前的原则，创新开展大数据、区块链、人工智能等新技术应用，推动政务服务由人力服务型向人机交互型转变，由经验判断型向数据分析型转变。推动新技术在办事服务具体场景中的应用，优化重构申请条件、申报方式、受理模式、审核程序、发证方式、管理架构，完善智能预填、智能预审等服务功能。探索应用自然语言大模型等技术，提升线上智能客服的意图识别和精准回答能力，优化智能问答、智能搜索、智能导办等服务，更好引导企业和群众高效便利办事。

五、全面推动政务服务扩面增效

（十一）增强帮办代办能力。健全线上线下帮办代办体系，明确人员配置、工作职责、责任边界、服务内容，提升帮办代办响应率、解决率和满意度。提供线上高频服务事项专业人工帮办代办，推行语音唤起、预约、办理和问答式引导等智能帮办服务，解决在线操作、材料上传、业务办理等方面问题。优化线下帮办代办工作机制，为老年人、残疾人等特殊群体提供陪同办、代理办、优先办等服务。在高新区、产业园区等加强项目全流程帮办代办，结合实际建立专班服务、专员跟进等机制，及时解决项目推进中的难点问题。

（十二）丰富公共服务供给。在优化提升公共教育、劳动就业、医疗卫生、养老服务、托育服务、住房保障等领域公共服务的基础上，推动与企业和群众生产生活密切相关的水电气热、网络通信等公用事业领域高频办理的服务事项纳入政务服务中心、接入政务服务平台。推动公用事业领域有关单位从企业和群众视角梳理服务事项、优化办事流程，推进水电气热过户和不动产登记、水电气网报装和投资建设审批等关联事项跨领域集成办理。

（十三）拓展增值服务内容。依托线上线下政务服务渠道，打造定制化、套餐式、模块化的涉企服务“一类事”场景，为企业提供精准化、个性化的优质衍生服务。探索统筹行业协会、市场化专业服务机构等涉企服务资源，一站式提供政策推荐、咨询、解读、申报等政策服务，公证、合规指导、涉企纠纷调解等法律服务，融资担保、产业基金对接、上市培育等金融服务，人才认定、住房安居、资金补助等人才服务，科技企业培育、产学研对接等科创服务，外贸资源对接、报关退税咨询、汇率避险指导等国际贸易服务。

六、全面夯实政务服务工作基础

（十四）健全政务服务标准体系。加强政务服务标准总体设计，制定完善全国一体化政务服务平台和政务服务中心建设、12345 热线运行等标准规范。健全政务服务事项基础标准，完善国家政务服务事项基本目录，推动同一政务服务事项受理条件、服务对象、办理流程、申请材料、法定办结时限等在全国范围内统一。编制集成办理“一件事”工作指引和办事指南，完善跨区域办事业务标准和操作规程。

（十五）强化政务服务制度供给。发挥法治引领和保障作用，加强国家层面政务服务领域立法研究。及时清理和修订与政务服务改革不相适应的行政法规、规章和行政规范性文件，强化相关业务领域制度保障，破解集成办、承诺办、跨域办、免申办等创新服务模式的制度障碍。完善数字化应用配套政策，保障电子证照和政务数据高效共享应用、电子档案单套归档等法律效力。

（十六）健全政务服务工作体系。推进国家、省、市、县、乡五级政务服务体系建设，健全一体联动、高效便捷、权责清晰的工作机制。加强各级政务服务窗口从业人员配备、管理、培训和考核，出台激励奖励措施，推进综合服务窗口人员统一配备和职业化发展。创新政务服务人才引进、培养、选拔和评价机制，持续提升干部队伍法治思维、服务意识和数字素养，强化政务服务专业化队伍建设。

七、保障措施

（十七）加强组织实施。各地区要强化省级统筹，围绕“高效办成一件事”合力攻坚，对列入重点事项清单的“一件事”要逐项制定工作方案，明确目标任务、改革措施和职责分工，确保取得实效。国务院各部门要强化条块联动，加强业务指导和数据共享支撑。国务院办公厅要加强统筹协调，开展试点示范，组织各地区各部门逐年推出一批“高效办成一件事”重点事项，推动政务服务持续提质增效。

（十八）加强宣传推广。采取多种形式做好“高效办成一件事”政策解读和舆论引导，充分调动地方各级政府和有关方面积极性，增强工作合力，狠抓工作落实。鼓励各地区从实际出发改革创新、大胆探索，力争重点领域、重点事项取得更大突破。及时总结行之有效的经验做法，在全国范围内复制推广，推动“一地创新、多地复用”。

附件：“高效办成一件事”2024 年度重点事项清单（略）

司法解释、司法指导性文件与解读

最高人民法院

关于印发《最高人民法院关于交叉执行工作的指导意见》的通知

2024年6月17日　　　　法发〔2024〕9号

各省、自治区、直辖市高级人民法院，解放军军事法院，新疆维吾尔自治区高级人民法院生产建设兵团分院：

现将《最高人民法院关于交叉执行工作的指导意见》予以印发，请结合实际认真贯彻执行。执行中遇有问题，请及时报告最高人民法院。

最高人民法院

关于交叉执行工作的指导意见

为进一步加强对人民法院执行工作的监督管理，推进交叉执行工作法治化、规范化、常态化运行，加快实现切实解决执行难目标，根据民事诉讼法及有关司法解释规定，结合人民法院执行工作实际，提出如下意见。

一、总体要求

1. 工作目标。坚持以习近平新时代中国特色社会主义思想为指导，深入贯彻习近平法治思想，严格按照民事诉讼法和有关司法解释规定，聚焦“公正与效率”审判工作主题，充分运用督促执行、指令执行、提级执行、集中执行、协同执行等交叉执行方式破解执行难题，深化审执分离改革，加强执行监督，强化对执行工作的统一管理、统一指挥、统一协调，有效破解消极执行、选择性执行等顽瘴痼疾，有效遏制逃避执行、抗拒执行，有效排除非法干预执行、阻碍执行等问题，切实提升执行案件质量、效率、效果，及时实现胜诉当事人合法权益，努力让人民群众在每一个司法案件中感受到公平正义。

2. 基本原则。人民法院在开展交叉执行工作过程中，应当坚持以下原则：

——必要性原则。民事诉讼法第二百三十五条确立了执行管辖的一般原则，人民法院一般应当按照该条规定精神确定执行案件管辖法院。但是发现因不当干预、消极执行、执行法院力量不足等因素导致执行工作长期未有效推进，或者因多案存在关联，集中办理更有利于执行，或者因执行案件疑难复杂需要上级法院协调、其他法院配合的，可依法开展交叉执行。

——便利性原则。“两便原则”是我国民事诉讼程序关于地域管辖的重要原则。人民法院开展交叉执行应当参照“两便原则”精神，统筹考虑当事人住所地、主要财产所在地、执行法院案件数量、执行力量等因素，从便于当事人参与执行、便于人民法院依法及时有效开展执行工作出发，合理确定交叉执行案件和交叉执行法院。

——规范性原则。交叉执行是人民法院加强执行监督管理的重要手段和有效抓手，必须严格按照法律规定规范有序开展。有效借助执行指挥中心信息化管理功能，结合流程监管、质效评查、申诉信访办理、督查巡查等方式，强化对辖区执行案件监管，运用交叉执行制度工具，完善执行监督管理体系，压实各层级法院监督管理责任，规范执行行为，提升人民群众获得感和满意度。

3. 方式选择。督促执行、指令执行、提级执行、集中执行、协同执行等交叉执行各种具体方式是加强执行监督管理，有效破解执行难题的有机整体，相互间既有联系，又有区别，并非简单的并列关系或者递进关系。各级人民法院要深刻认识交叉执行各种方式的内在本质和逻辑关系，结合执行法院和执行案件具体情况，因地制宜，因案施策，精准适用交叉执行方式。

在能达到同样执行效果的情况下，一般应当优先运用内部交叉、督促执行等成本更小的交叉执行方式；在直接变更案件执行法院效果更好的情况下，也可以不经内部交叉、督促执行，直接指令执行甚至提级执行；对于关联案件，可以集中至某一家法院执行；对于没有必要变更执行法院，但需要整合辖区不同法院执行力量，共同协作执行的情况，可以协同执行。

二、关于督促执行、指令执行和提级执行

4. 督促执行、指令执行和提级执行情形。督促执行、指令执行和提级执行是上级法院对下级法院执行案件进行监督管理的有效手段。案件无正当理由超过六个月未执行且具有下列情形之一，结合案件具体情况，上级法院可以责令执行法院限期执行，也可以指令辖区内其他法院执行或者直接提级由本院执行：

（1）存在消极执行、拖延执行问题的；

（2）案件受到非法干预的；

（3）案件重大疑难复杂的；

（4）需要督促、指令或者提级执行的其他情形。

“存在消极执行、拖延执行问题”主要包括下列情形：债权人申请

执行时被执行人有可供执行的财产，执行法院自执行案件立案之日起超过六个月对该财产未执行完结的；执行过程中发现被执行人可供执行的财产，执行法院自发现财产之日起超过六个月对该财产未执行完结的；对法律文书确定的行为义务的执行，执行法院自执行案件立案之日起超过六个月未依法采取相应执行措施的。

“案件受到非法干预”主要包括下列情形：人民法院以外的组织、个人在诉讼程序之外干预执行，案件执行困难的。

“案件重大疑难复杂”主要包括下列情形：涉及国家利益、社会公共利益的；对执行行为存在较大争议的；新类型案件具有首案效应的；具有普遍法律适用指导意义的；涉及国家安全、外交、民族、宗教等敏感因素的。

5. 决定程序。人民法院审查督促、指令或者提级执行案件时，立“执他字”案件办理，办理过程应当充分听取申请执行人意见，申请执行人申请不进行指令或者提级执行的，一般应予准许。决定督促、指令或者提级执行的，应当经执行局负责人批准，作出决定书并分别送相关法院。原执行法院应当通知相关当事人并做好释明工作。集中执行、协同执行等其他交叉执行的决定程序，参照前述规定执行。

6. 案件移送。相关法院应当做好指令、提级执行案件交接工作。原执行法院应当在收到指令、提级执行决定之日起七日内，将案卷材料及案件执行情况说明移送受指令或者提级执行法院，原执行法院的执行案件在相关法院立案后以销案方式结案。原执行法院移送案件前有未处置款物的，应当将未处置款物一并移交受指令或者提级执行法院。

受指令或者提级执行法院应当在收到案卷材料之日起七日内立案，并作为首次执行案件执行。新立执行案件申请执行标的金额为未实际执行到位的金额，执行期限重新计算。原执行法院已经依法完成的送达、查封、评估等工作，受指令或者提级执行法院根据执行案件情况可以不再重复开展。

7. 执行措施。相关法院应当做好指令、提级执行案件执行措施衔接工作，避免案件交接过程脱封脱保等情况发生。执行案件移送前，相关查控措施距期限届满不足三十日的，应当由原执行法院办理续行查控措施，并在办理完成后移送案件。原执行法院收到指令或者提级执行决定，应当停止执行。确需采取紧急执行措施的，应当报请上级法院批准。案件指令或者提级执行后，原执行法院已采取的查控等执行措施自动转为现执行法院执行措施，期限连续计算，无需重新制作裁定书。受指令或者提级执行法院可以根据申请执行人申请或者依职权办理续行查控等手续。

8. 配合义务。受指令或者提级执行法院在案件办理过程中，需要原执行法院予以必要协助配合的，原执行法院应当协助配合。原执行法院拒不协助配合的，上级法院应当责令其协助配合。

9. 异议审查。执行实施权转移后，执行审查权一并转移。执行案件被指令或者提级执行后，当事人对原执行法院的执行行为提出异议或者案外人对执行标的提出异议的，由提出异议时负责该案件执行的法院审查处理。

10. 再次指令。上级法院应当加强对督促执行、指令执行、提级执行案件日常监管，及时指导执行法院依法开展工作。执行法院在指定期间内未落实督促执行意见或者受指令执行法院在法定执行期限内无正当理由未执行完结的，上级法院可以将案件指令辖区其他法院执行，也可以直接提级执行。指令执行一般以两次为限，经两次指令执行后，上级法院认为仍有必要继续交叉执行的，一般应当提级执行。

11. 终结执行。执行案件经两次指令执行，穷尽财产调查措施，未发现被执行人有可供执行财产，或者财产依法处置分配后，未发现其他可供执行财产的，最后负责执行的法院报作出指令执行的法院批准，可以裁定终结执行。裁定终结执行前，可以听取申请执行人意见。终结执行的，执行法院应当依法解除执行措施。终结执行后，申请执行人发现被执行人有可供执行财产的，可以再次向最后负责执行的法院申请执行。集中执行法院按照《最高人民法院关于适用〈中华人民共和国民事诉讼法〉的解释》第五百零八条、第五百一十四条规定，对被执行人财产依法分配完毕后，未发现其他可供执行财产的，可以参照前述规定终结执行。

三、关于集中执行

12. 集中执行情形。集中执行是人民法院优化执行资源配置，提升关联案件执行质效，依法平等保障当事人合法权益的重要手段。同一被执行人涉及多起执行案件，不同法院具有管辖权，集中执行便于当事人参与执行、便于人民法院依法及时有效开展执行工作的，上级法院可以决定集中执行。

13. 集中执行法院确定。上级法院决定集中执行的，一般应当确定由最先受理的法院或者主要财产所在地法院负责执行。如有特殊情形，可以由上级法院或者辖区其他法院集中执行。

14. 案件受理和移送。各级人民法院应当做好集中执行案件的立案受理及移送工作，有关移送程序参照本意见第6条、第7条办理。集中执行决定作出后，当事人向非集中执行法院申请执行的，由相关法院告知其向负责集中执行的法院申请，当事人坚持申请的，立案后移送至负责集中执行的法院。相关法院认为其正在执行的案件不宜移送的，应当层报作出集中执行决定的法院。

15. 集中执行方式。集中执行案件一般由同一承办人或者执行团队办理。负责集中执行的法院对于关联案件可以合并为一个案件执行，原执行案件作销案处理。原执行案件已经采取的查控措施继续有效，其在先查控的顺位利益依法应予保护。集中执行法院对未并案但已经纳入集中执行的关联案件一般应当同时采取查控措施，避免因采取查控措施顺序不同，导致当事人受偿顺位不同。

16. 移送破产和参与分配。集中执行法院发现作为企业法人的被执行人资产不足以清偿全部债务或者明显缺乏清偿能力的，可以经申请执行人之一或者被执行人同意，按照《最高人民法院关于执行案件移送破产审查若干问题的指导意见》规定及时移送破产审查；当事人不同意移送破产或者被执行人住所地人民法院不受理破产案件的，可以按照《最高人民法院关于适用〈中华人民共和国民事诉讼法〉的解释》第五百一十四条规定依法分配财产。发现作为公民或者其他组织的被执行人财产不能清偿所有债务的，可以直接按照《最高人民法院关于适用〈中华人民共和国民事诉讼法〉的解释》第五百零八条规定依法分配财产。

四、关于协同执行和执行协调

17. 统一调度使用执行力量。上级法院应当根据辖区执行法院和执行案件情况，发挥协调和统筹优势，统一调度使用执行力量，协同、协调下级法院开展执行工作。

18. 个案全面协同。具体执行案件具有下列情形之一，上级法院可以决定协同执行，调度相关法院力量配合执行法院开展执行实施工作：

（1）案件有重大影响，社会高度关注的；

（2）受暴力、威胁或者其他方法妨碍、抗拒执行的；

（3）被执行人主要财产或者经常居住地在异地的；

（4）需要协同执行的其他情形。

协同执行案件办案主体是执行法院，由执行法院以本院名义对外出具法律文书。参与协同执行的其他法院执行人员可以凭协同执行决定书和工作证件，按照上级法院、执行法院要求配合开展执行行动。

19. 协同执行法院的确定。上级法院应当统筹考虑辖区法院案件数量、执行力量、财产所在地等因素，均衡开展协同执行，优先协助案多人少矛盾更加突出的、腾退房屋压力大的辖区法院。应当按照就近便利原则，统筹使用辖区法院执行力量，最大限度节约执行成本，防止因频繁、大跨度调用执行力量对辖区法院正常办案造成影响。

20. 异地执行事项协同。按照《最高人民法院关于严格规范执行事项委托工作的管理办法（试行）》规定，人民法院在案件执行过程中遇有调查财产、查控特定财产或者解除查控事项需赴异地办理的，可以委托相关异地法院代为办理。各高级、中级人民法院应当认真履行督促职责，通过执行指挥管理平台就辖区法院办理事项协同工作情况进行监督。

21. 人案调配。上级法院可以根据辖区法院案件数量、执行力量情况，合理配置执行资源，统一调配辖区法院执行人员到人案矛盾突出的法院帮助执行，或者将案件从数量较多的法院调配至数量较少的法院。

22. 执行争议协调的情形。两个或者两个以上人民法院在执行相关案件中发生争议，具有下列情形之一，应当协商解决。协商不成的，报请上级法院协调，直至报请共同的上级法院处理。

（1）不同法院因执行管辖等发生争议的；

（2）优先债权执行法院与首先查封保全法院之间就移送处置权产生争议的；

（3）不同法院因事项委托发生争议的；

（4）需要协调执行的其他情形。

上级法院协调下级法院之间的执行争议，认为有必要的，可根据协调情况作出协调处理决定。上级法院作出的协调处理决定，有关法院必须执行。

五、关于监督管理

23. 台账管理。各级人民法院应当统筹做好本辖区交叉执行工作，建立交叉执行案件台账，全面掌握案件情况，进行动态管理和监督指导。

24. 案件评查。上级法院要定期对交叉执行案件进行评查，重点评查经督促执行或者指令执行、提级执行取得实质进展的原执行法院案件。

25. 考核激励。经交叉执行，案件取得重大进展的，对接受交叉执行法院和相关执行干警，应当按照有关规定以适当方式予以鼓励，并在考评、绩效考核等方面予以体现。

26. 追责问责。经交叉执行，发现原执行法院和执行干警存在消极执行、拖延执行和执行违纪违法问题的，应当通报批评，按照规定在考评、绩效考核等方面予以体现，并依规依纪依法追究相关责任。

六、附则

27. 备案要求。各高级人民法院可以根据相关法律、司法解释和本意见，结合执行工作实际，制定辖区关于交叉执行的实施细则，报最高人民法院审查备案。

28. 施行时间。本意见自公布之日起施行。之前发布的意见、通知与本意见不一致的，以本意见为准。

附件：交叉执行文书样式

附件

交叉执行文书样式

1. 督促执行令（上级法院督促下级法院执行用）
2. 请示（下级法院报请提级执行、指令执行用）
3. 执行决定书（上级法院依报请、依职权提级执行、指令执行用）
4. 批复（上级法院不同意提级执行、指令执行用）

5. 请示（下级法院报请集中执行用）
6. 执行决定书（上级法院依报请、依职权决定集中执行用）
7. 请示（下级法院报请协同执行用）
8. 执行决定书（上级法院依报请、依职权决定协同执行用）
9. 请示（下级法院报请协调处理执行争议用）
10. 执行决定书（上级法院依报请协调执行争议用）

1. 督促执行令（上级法院督促下级法院执行用）

××××人民法院
督促执行令

（××××）……执他……号

××××人民法院：

你院立案执行的×××与×××……（写明案由、案号）一案，……（写明案件无正当理由长期未执行/应当作出裁定、决定、通知而不制作/应当依法实施具体执行行为而不实施/需要督促执行的其他情形）。依照《中华人民共和国民事诉讼法》第二百三十七条、《最高人民法院关于人民法院执行工作若干问题的规定（试行）》第 74 条第 1 款规定，责令你院在收到本督促执行令之日起依法及时执行该案，于××××年××月××日前执结（作出裁定、决定、通知/依法实施具体执行行为等），并将执行结果书面报告本院。

此令。

××××年××月××日

（院印）

2. 请示（下级法院报请提级执行、指令执行用）

关于……（写明当事人及案由）一案报请提级执行/指令执行的请示

（××××）……执……号

××××人民法院：

×××与×××……（写明案由）一案，我院于××××年××月××日立案执行，案号为（××××）……执……号。

（基本案情，以及已经开展的执行工作）

我院认为，……（写明报请提级执行/指令执行的事实和理由）。依照《中华人民共和国民事诉讼法》第二百三十七条，现报请你院提级执行/指令执行该案。

以上请示，请复。

附件：案情报告×份

××××年××月××日
（院印）

3. 执行决定书（上级法院依报请、依职权提级执行、指令执行用）

××××人民法院
执行决定书

（××××）……执他……号

××××人民法院、××××人民法院：

关于×××与×××……（写明案由、案号）一案，（××××人民法院报请本院提级执行/指令执行），因……（写明提级执行/指令执行的理由），依照《中华人民共和国民事诉讼法》第二百三十七条、《最高人民法院关于人民法院执行工作若干问题的规定（试行）》第74条第2款规定，决定如下：

××××人民法院（或其他生效法律文书的作出机关×××××）……号民事判决（或其他生效法律文书）由本院执行/由××××人民法院执行。

××××人民法院（原执行法院）应在收到本决定书之日起7日内将有关案卷材料移送本院/移送××××人民法院，并通知相关当事人。

本决定立即执行。

××××年××月××日

（院印）

4. 批复（上级法院不同意提级执行、指令执行用）

关于对……（写明当事人及案由）一案报请提级执行/指令执行的批复

（××××）……执他……号

××××人民法院：

关于你院报请提级执行/指令执行的×××与×××……（写明案由、案号）一案，本院经审查认为，……（不同意提级执行/指令执行的理由和分析意见）。现批复如下：

不同意……一案由本院提级执行/不同意……一案指令执行。请你院依法推动执行工作。

此复。

××××年××月××日

（院印）

5. 请示（下级法院报请集中执行用）

关于……（写明当事人及案由）一案/等多案报请集中执行的请示

（××××）……执……号

××××人民法院：

×××与×××……（写明案由）一案/×××与×××……（写明案由）等多案，本院（分别）于××××年××月××日立案执行，案号（分别）为（××××）……执……号（未立案可不写时间和案号，案件数量多可另附清单）。

（基本案情，以及已经开展的执行工作）

我院认为，……（写明报请集中执行的事实和理由，包括同一被执行人涉及多起执行案件，不同法院具有管辖权，集中执行便于当事人参与执行、便于人民法院依法及时有效开展执行工作等）。依照《最高人民法院关于人民法院执行工作若干问题的规定（试行）》第71条规定，现报请你院依法决定集中执行。

以上请示，请复。

附件：案情报告×份

××××年××月××日

（院印）

6. 执行决定书（上级法院依报请、依职权决定集中执行用）

××××人民法院
执行决定书

（××××）……执他……号

××××人民法院（辖区所有法院）：

×××因与×××……等（写明案由）纠纷，在本院辖区范围内有多起诉讼案件/执行案件/其他可能进入执行程序的案件，（××××人民法院报请本院集中执行），为便于当事人参与执行、便于人民法院依法及时有效开展执行工作，（写明集中执行的具体理由），依照《最高人民法院关于人民法院执行工作若干问题的规定（试行）》第71条规定，决定如下：

一、涉及×××（写明当事人）的执行案件（案件数量多可附清单）由××××人民法院集中执行；

二、涉及×××（写明当事人）的执行案件，已立案执行但尚未执结的，有关法院应在收到本决定书之日起7日内将案件移送××××人民法院执行；

三、涉及×××（写明当事人）的案件，当事人申请执行的，由相关法院告知当事人向××××人民法院申请执行。

本决定立即执行。

××××年××月××日

（院印）

7. 请示（下级法院报请协同执行用）

关于……（写明当事人及案由）一案报请协同执行的请示

（××××）……执……号

××××人民法院：

×××与×××……（写明案由）一案，我院于××××年××月××日立案执行，案号为（××××）……执……号。

（基本案情，以及已经开展的执行工作）

我院认为，……（写明报请协同执行的事实和理由）。依照《最高人民法院关于人民法院执行工作若干问题的规定（试行）》第71条规定，现报请你院要求有关法院协同执行。

以上请示，请复。

附件：案情报告×份

××××年××月××日

（院印）

8. 执行决定书（上级法院依报请、依职权决定协同执行用）

××××人民法院
执行决定书

（××××）……执他……号

××××人民法院、××××人民法院、……：

××××人民法院执行的×××与×××……（写明案由、案号）一案，（××××人民法院报请本院协同执行），为便于依法及时有效开展执行工作，（写明协同执行的具体理由），依照《最高人民法院关于人民法院执行工作若干问题的规定（试行）》第 71 条规定，决定如下：

×××与×××……（写明案由、案号）一案，由××××人民法院、……协助××××人民法院开展执行工作。

本决定立即执行。

××××年××月××日

（院印）

9. 请示（下级法院报请协调处理执行争议用）

关于报请协调处理……（写明当事人及案由）一案执行争议的请示

（××××）……执……号

××××人民法院：

我院执行的×××与×××……（写明案由、案号）一案，与××××人民法院执行的×××与×××……（写明案由、案号）一案，因……发生执行争议，双方经协商未达成一致意见，依照《最高人民法院关于人民法院执行工作若干问题的规定（试行）》第67条规定，现报请你院协调处理。

一、争议各方执行案件的基本情况

……

二、执行争议的焦点问题与协商情况

……

三、报请协调的意见

……

××××年××月××日

（院印）

10. 执行决定书（上级法院依报请协调执行争议用）

××××人民法院
执行决定书

（××××）……执协……号

××××人民法院、××××人民法院：

××××人民法院执行的×××与×××……（写明案由、案号）一案，与××××人民法院执行的×××与×××……（写明案由、案号）一案，因……发生执行争议，××××人民法院报请本院协调。

本院经审查认为，（写明协调处理的具体理由）。依照《最高人民法院关于人民法院执行工作若干问题的规定（试行）》第70条规定，决定如下：

……（写明协调处理结果）。

本决定立即执行。

××××年××月××日

（院印）

解读《最高人民法院关于交叉执行工作的指导意见》

黄文俊　毛立华　向国慧　杜圣杰*

2024年6月17日，最高人民法院印发了《最高人民法院关于交叉执行工作的指导意见》（以下简称《指导意见》），进一步明确了交叉执行工作目标、基本原则、适用范围、方式选择、程序衔接、监督管理等工作机制。为便于各级人民法院正确理解贯彻《指导意见》，现就其制定背景、适用原则和重点问题说明如下。

一、《指导意见》的制定背景

交叉执行并非无源之水、无本之木，而是具有法律依据和实践基础的制度创新和实践再发展。早在2007年民事诉讼法修正之前，实践中已经出现交叉执行的探索，以期解决执行难。2007年修正的民事诉讼法第二百零三条（现行法第二百三十七条）规定超六个月未执行案件可以“向上级法院申请执行”，上级法院可以责令原人民法院限期执行、提级执行或指定其他法院执行，该规定在立法上为交叉执行的明确法律依据。2023年9月，最高人民法院党组书记、院长张军对交叉执行工作作出部署，深刻指出通过指定、提级执行，执行法院交互将本院部分难以执行的案件移交其他法院执行，促进加大执行工作力度，并形成有力监督，有效防止权力、关系、人情干扰，遏制滥用执行权乃至执

* 作者单位：最高人民法院。

行腐败问题。张军院长关于交叉执行的部署，为交叉执行赋予了崭新的内容和意义，是新时代人民法院“切实解决执行难”的重大制度创新，是执行领域深入贯彻习近平法治思想的生动实践。

为充分激发交叉执行制度效能，有效破解执行实践难题、解决人民群众急难愁盼、推进执行体制机制改革，最高人民法院从2023年10月开始交叉执行试点工作，并在总结试点经验基础上，于2024年3月在全国法院全面推开此项工作。在推进交叉执行工作过程中，各地法院普遍反映现行法律关于交叉执行的制度规定较为简单，缺乏操作性，严重制约着交叉执行工作的规范高效开展。总结下来，各地法院反映的问题主要集中表现在以下几个方面：一是关于交叉执行的案件范围和办理程序。比如，哪些情形下可以进行交叉执行，是否应该立案办理、立何案号、如何审查、是否允许当事人提出执行异议等。二是关于交叉执行的程序衔接。比如，交叉执行的案件如何移送、执行到位金额如何计算、执行措施如何衔接、执行期限如何计算、原执行法院已经采取的执行措施接受交叉执行法院是否需要重新开展等。三是关于交叉执行的管理与监督。比如，交叉执行过程中，有的法院将一些不应交叉执行的简单案件纳入交叉执行，浪费了宝贵的执行资源；有的法院把腾房案件、非法信访案件等应该属地化解的案件进行交叉执行。对于上述现象，上级法院如何进行监督管理。为积极回应地方法院实践需求，最高人民法院经过充分调研，出台了《指导意见》，着力推动交叉执行工作法治化、常态化、规范化发展。

二、《指导意见》的适用原则

交叉执行是人民法院针对执行难问题，依法探索出的新方法。在开展交叉执行工作过程中，需要牢牢把准方向，做到有的放矢。总的来说，应当坚持以下三个原则。

一是必要性原则。交叉执行突破了执行管辖的一般规定，一定程度上会增加执行当事人的诉讼成本以及人民法院的工作量，因此，应该严格把关，以确有必要为前提，确保“好钢用在刀刃上”。同时，在变更执行法院的情况下，交叉执行对当事人诉讼权利的行使产生影响。因此，对于法院依职权决定交叉执行的案件，应当充分考虑当事人的意愿，做好当事人的沟通释明工作。

二是便利性原则。“两便原则”，即坚持便于当事人诉讼，便于人民法院依法独立、公正和高效行使审判权的原则，是我国民事诉讼法和审判实践一贯遵循的重要原则。人民法院开展交叉执行应当参照“两便原则”精神，统筹考虑当事人住所地、主要财产所在地、执行法院案件数量、执行力量等因素，从便于当事人参与执行、便于人民法院依法及时有效开展执行工作出发，合理确定交叉执行案件和交叉执行法院。

三是规范性原则。交叉执行既是人民法院办案方式，也是上级人民法院管理方式。交叉执行与强化执行监督管理相辅相成、互为表里。要将交叉执行和强化执行监督管理的工作要求深度融合，依托执行指挥中心信息化管理功能，结合流程监管、质效评查、申诉信访办理、督查巡查等方式，通过交叉执行制度不断完善执行监督管理体系，加强对执行权的监督和制约，持续推动执行工作规范化发展。

三、《指导意见》适用中的重点问题

《指导意见》共28条，分为“总体要求”“关于督促执行、指令执行和提级执行”“关于集中执行”“关于协同执行和执行协调”“关于监督管理”“附则”六个部分。以下就《指导意见》的五个重点问题进行说明。

（一）关于交叉执行各种方式的选择

交叉执行包括督促执行、指令执行、提级执行、集中执行、协同执行等多种方式。交叉执行各种具体方式是加强执行监督管理，有效破解执行难题的有机整体，相互间既有联系，又有区别，并非简单的并列关系或者递进关系。要深刻认识交叉执行各种方式的内在本质和逻辑关系，在立足全局统筹谋划的基础上，结合执行法院和执行案件具体情况，因地制宜，因案施策，精准适用交叉执行方式。一是坚持效果导向。在能达到同样执行效果的情况下，一般应当优先运用内部交叉、督促执行等成本更小的交叉执行方式；在直接变更案件执行法院效果更好的情况下，也可以不经内部交叉、督促执行，直接指令执行甚至提级执行。二是强化集约思维。对于关联案件，可以集中至某一家法院执行。对当事人而言，可以避免对被执行人重复采取执行措施，由一家法院统一分配财产也有利于依法平等保障申请执行人的合法权益；对人民法院而言，可以避免不同法院之间的执行争议以及重复性工作。三是树立协同意识。对于没有必要变更执行法院，但需要整合辖区不同法院执行力量、共同协作执行的情况，上级人民法院应当按照执行工作“三统一”管理的要求，发挥协调和统筹优势，统一调度使用执行力量，有效配合执行法院开展执行实施工作。

（二）关于督促执行、指令执行和提级执行的具体适用情形

从现有法律和司法解释规定看，督促执行、指令执行和提级执行主要针对执行案件有条件执行但超过六个月未执行的情况，即消极执行的情形。《指导意见》总结目前执行实践发展，对相关情形进行了细化和适度扩充，规定了可以进行督促执行、指令执行和提级执行的四种情形，即存在消极执行、拖延执行问题的；案件受到非法干预的；案件重大疑难复杂的以及需要督促、指令或者提级执行的其他情形。第一种情形针对的是案件无正当理由超过法定期限未执行的情况，包括应采取执行措施而未采取的情形，也包括应执结而未执结的情形。第二种情形针对执行案件受到地方保护等严重不当干预的情形，比如，被执行人是当

地纳税大户，执行法院在此情况下往往难以有效推动执行，通过督促、指令或者提级执行的方式，能够有效破除不当干预。第三种情形针对案件重大疑难复杂的情况，有的执行案件工作量大，协调难度和社会关注度高，在原执行法院办理困难或不能胜任的情况下，上级法院或通过督促执行方式指导下级法院办理案件，或通过指令执行方式将案件交由力量更强的法院执行，或直接提级执行，有利于实现执行资源的优化配置和执行案件“三个效果”的有机统一。第四种情形是兜底条款，除三种具体情形外，上级法院可以根据执行案件具体情况决定交叉执行。比如，针对执行信访难案，有的当事人对人民法院审判执行工作不信任，反复信访，通过上级法院督促执行或变更执行法院执行，能够消弭当事人对执行法院的误解，从而促进信访矛盾实质化解。

（三）关于交叉执行案件办理程序

《指导意见》第5条规定了交叉执行立案办理程序要求。对此，有观点认为，交叉执行是上级法院的内部管理行为，在执行实践中较为常见，立案办理涉及与立案部门的协调，程序较为复杂，同时正式立案会增加执行案件数量，与执源治理的目标相悖，因此认为没有必要正式立案审查交叉执行案件。经研究，《指导意见》从规范交叉执行案件办理，加强对交叉执行案件监督管理角度出发，规定交叉执行案件应当立案办理，经执行局负责人批准，并通知相关当事人。

（四）关于集中执行的办理方式

《指导意见》第15条规定了集中执行案件的办理方式。该条规定，集中执行案件一般由同一承办人或者执行团队办理，负责集中执行的法院对于关联案件可以合并为一个案件执行。又规定，原执行案件已经采取的查控措施继续有效，其在先查控的顺位利益依法应予保护。集中执行法院对未并案但已经纳入集中执行的关联案件一般应当同时采取查控措施，避免因采取查控措施顺序不同，导致当事人受偿顺位不同。集中执行的一项重要制度功能就是集中执行后，人民法院对关联案件可以同时采取查控措施，在避免执行法院重复采取执行措施同时，实现对执行当事人的平等保护。但对于并案前已经采取了查控措施的，应依法保障执行债权人在先查控的顺位利益。

（五）关于交叉执行后终结执行

《指导意见》第11条规定执行案件经两次指令执行未发现可供执行财产的，执行法院可以裁定终结执行；执行案件集中执行后符合特定情形的，执行法院可以裁定终结执行。考虑到经过两次指令执行及集中执行法院按照《最高人民法院关于适用〈中华人民共和国民事诉讼法〉的解释》第五百零八条、第五百一十四条规定，穷尽财产调查措施，对被执行人财产依法处置并分配完毕后，仍未发现足以满足债权的财产的，被执行人"失能"状态一般可以认定，依法终结执行可以给被执行人"重生"机会，有效平衡债权人债务人利益，并推动终本案件出清，优化法治化营商环境，故作了相关规定。同时规定，终结执行后，申请执行人发现被执行人有可供执行财产的，可以再次向最后负责执行的法院申请执行，在程序上保障了当事人在发现被执行人财产时再次申请执行的权利。

部门规章、规章性文件与解读

国家市场监督管理总局　公安部
人力资源和社会保障部　住房和城乡建设部
中国人民银行　海关总署　国家税务总局
国家消防救援局

关于进一步优化政务服务提升行政效能推进“高效办成一件事”的实施意见

2024年5月27日　　国市监注发〔2024〕57号

各省、自治区、直辖市和新疆生产建设兵团市场监管局（厅、委）、公安厅（局）、人力资源社会保障厅（局）、住房和城乡建设厅（委）；海关总署广东分署、各直属海关；中国人民银行上海总部，各省、自治区、直辖市及计划单列市分行；国家税务总局各省、自治区、直辖市和计划单列市税务局，国家税务总局驻各地特派员办事处；各省、自治区、直辖市消防救援总队：

为深入贯彻落实《国务院关于进一步优化政务服务提升行政效能推动“高效办成一件事”的指导意见》，推动企业信息变更、企业注销和开办餐饮店“一件事”高效办理，提升企业和群众获得感，市场监管总局、公安部、人力资源社会保障部、住房城乡建设部、海关总署、中国人民银行、税务总局、国家消防救援局等部门提出如下实施意见。

一、总体要求

以习近平新时代中国特色社会主义思想为指导，全面贯彻落实党的二十大精神，坚持以人民为中心的发展思想，把推动高效办理企业信息变更、企业注销和开办餐饮店“一件事”作为优化政务服务、提升行政效能的重要抓手，优化业务流程、打通业务系统、强化数据共享，提升企业信息变更、企业注销和开办餐饮店的标准化、规范化、便利化水平。

——坚持改革创新。创新工作理念和制度机制，强化数据赋能，有效整合各方资源，优化再造业务流程，加强业务协同和信息共享，打破层级、地域、部门、系统之间屏障，推动政务服务提质增效。

——坚持便民高效。聚焦企业和群众涉及面广、办理量大、办理频率高的政务服务事项，优化服务方式，丰富办事渠道，大力推进政务服务“减时间、减环节、减材料、减跑动”。充分尊重企业自主选择权，不限定申请方式，推动线下线上服务融合，最大限度利企便民。

——坚持依法依规。按照“谁审批、谁监管，谁主管、谁监管”的原则，在推进“高效办成一件事”过程中，强化审管衔接，创新大数据监管和信用监管，提升监管效能。企业设立后进行变更登记、注销登记，依法需要前置审批的，严格依照相关法律法规执行。

二、主要任务和措施

（一）推行企业信息变更“一次办”

1. 推进企业信息联动变更。从企业视角出发，将企业登记信息变更后的跨部门、跨层级事项变更进行同步办理，在企业开办“一件事”基础上实现企业信息变更“一件事”。企业在市场监管部门依法办理变更登记后，市场监管部门依托“一网通办”等政务服务平台共享推送变更信息，公安、税务、人社、住建等部门接收信息后，对应完成公章刻制备案信息变更、税控设备变更发行、社会保险登记变更、住房公积金缴存登记变更等事项的信息变更。经企业授权同意后，银行接收信息提供基本账户变更预约或者变更办理服务。

2. 实现流程材料优化简化。企业可自行选择线下或线上办理模式，线下实行“一窗受理”，线上实现“一网通办”，通过推动部门间信息共享互认，形成“一套材料、单次采集、多方共用”的工作机制。企业变更登记完成后，取消向后续部门申请提交的申请表、营业执照等材料。各部门按照“能简则简”“应减尽减”原则，再造自身业务流程和环节，可以通过共享方式获取的材料和信息，企业无需重复提交。对因企业变更涉及营业执照等实体证照变更的，鼓励推行线下“一个窗口”一次领取，或者通过寄递等实现“不见面”办理。

3. 提升“一网通办”服务能力。对企业信息变更“一件事”的办理场景、申请材料等进行梳理优化，根据企业变更登记内容匹配关联事项，形成可同步变更的事项目录，依托“一网通办”等政务服务平台提供智能变更服务。对共享企业变更信息即可同步变更的，各后续部门收到推送信息后直接办理，并将办理结果通过“一网通办”等平台反馈企业。对因企业登记信息变更涉及其他待办事项的，各后续部门同步完成提示提醒。鼓励拓展平台服务功能，实现企业名称变更后可在线选择公章刻制企业、了解刻制价格以及网络支付等功能，方便同步申请。

（二）推行企业注销“一网办”

1. 优化企业注销平台功能。注销服务平台（以下简称注销平台）应具备公告发布、注销申请、结果查询、信息采集等功能，各有关部门通过“信息共享、同步指引”，实现企业注销“一网服务”，办理结果“多端获取”。

2. 优化企业注销登记。在国家企业信用信息公示系统中增加解散公示功能，便利利害关系人了解公司现状。完善企业自主修改撤销清算组公告、债权人公告功能。市场监管部门将企业撤销公示的相关信息推送至相关部门，相关部门注销尚未完结的，同步取消办理相关注销业务。市场监管总局向各地市场监管部门提供企业分支机构、投资企业查询，推动解决因隶属企业注销其分支机构难以注销的问题。

3. 提供税务注销预检服务。在注销平台中增加税务注销预检功能，方便纳税人自助查询注销前尚未办结的涉税事宜并及时办理。加强数据共享，税务部门向市场监管部门推送清税信息，市场监管部门在注销登记前查验电子清税信息，纳税人无需提交纸质清税证明。

4. 完善“照险联办”注销机制。人力资源社会保障部门根据注销平台共享的注销登记信息，对不存在欠薪和未结清的社会保险费及医疗、伤残补助、抚恤费用，滞纳金，罚款等债权债务情形，不存在正在处理中的社会保险争议的，办理注销社会保险登记。鼓励有条件的地区在注销平台中增加社保和工资预检功能，靠前提醒企业及时清缴社会保险相关费用，支付拖欠的工资。

5. 完善“照关联办”注销机制。加强系统对接，在注销平台增加预检功能，自动检测并显示企业是否存在海关报关单位备案，及时提醒企业勾选海关报关单位备案注销申请。海关部门根据注销平台共享的注销登记信息，对已办结海关手续的报关单位，同步注销海关报关单位备案，无需企业再次申请。

6. 优化银行账户销户服务。企业申请注销登记时，可同时提交银行账户销户预约申请。银行通过注销平台获取企业银行账户销户申请信息后，引导企业办理银行结算账户注销手续。银行根据获取的信息，进一步压减银行账户销户纸质申请材料，最大限度便利企业办事。

7. 实行公章刻制备案信息同步注销。加强信息共享，企业完成注销后，市场监管部门通过注销平台将企业注销信息推送至公安部门，公安部门同步注销公章刻制备案信息，实现“一次申请、同步注销”。

（三）推行开办餐饮店“一体办”

1. 推动开办餐饮店“一件事”集成办理。依托地方政务服务平台线上开设开办餐饮店“一件事”专区，线下设置“一件事”综合窗口和专业服务窗口，推动线上线下同步办理。统筹考虑开办餐饮店“一件事”涉及各部门所需申请材料、受理和审批程序等，优化政务服务模式，实现办事申请“一次提交”，办理结果“多端获取”。

2. 推进事项办理“减材料、减环节”。各地市场监管部门依托地方信息共享平台，对企业设立登记过程中采集的名称、主体类型、经营场所、经营范围、法定代表人（负责人）等共性信息，要及时共享至地方食品经营许可系统、工程建设项目审批管理系统、消防监督管理系统等，相关部门不再重复采集。鼓励有条件的地方，将电子营业执照作为开办餐饮店相关业务的合法有效身份证明和电子签名手段，减少身份认证环节。

3. 提供优质高效的办事服务。提供智能申报服务，按照餐饮行业习惯，申请人在自主申报过程中，登记系统自动匹配推荐具有餐饮行业经营特点的名称行业及经营范围，供申请人选择。鼓励各地按照《城市户外广告和招牌设施技术标准》要求，做好对户外招牌照明、材料、设计、施工等方面的前端技术指导。指导各地持续深化消防执法改革，不断优化消防执法服务，推动消防线上线下服务效能整体提升。

4. 统筹效率与安全。各地要在保障食品安全的前提下，严格落实《食品安全法》《行政许可法》等有关规定，不得擅自增加食品经营许可申请材料、增设审查条件，不得增加群众负担，切实把好事办好。无相关法律法规依据，不得擅自将户外招牌设施设置纳入行政审批。充分发挥监管作用，切实形成监管合力，提升监管水平，推动餐饮经营全过程管控，守牢安全底线。

三、组织保障

各省（区、市）市场监管部门要切实履行工作牵头职责，会同相关部门研究确定本地区具体时间表和路线图。各地相关参与部门要分工协作，切实抓好本部门工作任务的落实落地。鼓励各地在确保工作质量、风险可控的前提下，创新更多管用可行的地方特色。做好改革政策宣传解读工作，加强窗口人员业务培训。调整优化业务流程，修订完善办事指南。推进政务服务窗口制度化、规范化建设，健全落实首问负责、一次性告知、限时办结、帮办代办、“好差评”等制度，优化规范窗口服务，提升服务效能。加强审批、监管、执法等部门工作协同，建立健全风险防范机制，充分利用信用信息共享平台，推进各部门间信用信息共享。

解读国家市场监督管理总局等八部门《关于进一步优化政务服务提升行政效能推进“高效办成一件事”的实施意见》

为深入贯彻落实《国务院关于进一步优化政务服务提升行政效能推动“高效办成一件事”的指导意见》，推动企业信息变更、企业注销、开办餐饮店“一件事”高效办理，国家市场监督管理总局（以下简称市场监管总局）会同公安部、人力资源和社会保障部、住房和城乡建设部、中国人民银行、海关总署、国家税务总局、国家消防救援局等部门联合印发《关于进一步优化政务服务提升行政效能推进“高效办成一件事”的实施意见》（以下简称《实施意见》）。现对《实施意见》解读如下。

一、《实施意见》的起草背景

党中央、国务院高度重视优化政务服务工作。2024年的《政府工作报告》明确提出，要以推进“高效办成一件事”为牵引，提高政务服务水平。2024年1月，国务院印发《关于进一步优化政务服务提升行政效能推动“高效办成一件事”的指导意见》，要求通过“高效办成一件事”重点事项清单管理机制和常态化推进机制，2024年实现第一批高频、面广“一件事”的高效办理。第一批2024年度重点事项中，企业信息变更、企业注销、开办餐饮店三项“一件事”由市场监管部门牵头，公安、人力资源和社会保障、住房和城乡建设、海关、人民银行、税务、消防救援七部门参与。市场监管总局高度重视“高效办成一件事”工作。2024年1月，市场监管总局办公厅印发的《全国市场监管系统行风建设三年攻坚专项行动2024年工作要点》明确要求把推动“高效办成一件事”作为市场监管领域优化审批服务的重要抓手。2024年5月，全国市场监管系统行风建设“深化拓展”年工作现场推进会强调要深入推进“高效办成一件事”，建设审批服务领域行风满意窗口。

为贯彻落实党中央、国务院重要决策部署，市场监管总局就推动“高效办成一件事”会同公安部、人力资源和社会保障部、住房和城乡建设部、中国人民银行、海关总署、国家税务总局、国家消防救援局扎实开展调研，找准推动“高效办成一件事”中的堵点难点问题，听取意见建议，研究起草《实施意见》，经过多轮专题研讨、广泛征求意见和修改完善，会同相关部门正式印发《实施意见》。

二、《实施意见》制定的主要考虑

《实施意见》坚持以人民为中心的发展思想，把推动高效办理企业信息变更、企业注销和开办餐饮店“一件事”作为优化政务服务、提升行政效能的重要抓手，指导各地切实优化业务流程、打通业务系统、强化数据共享，提升企业信息变更、企业注销和开办餐饮店的标准化、规范化、便利化水平。

一是坚持改革创新。创新工作理念和制度机制，强化数据赋能，有效整合各方资源，优化再造业务流程，加强业务协同和信息共享，打破层级、地域、部门、系统之间屏障，推动政务服务提质增效。

二是坚持便民高效。聚焦企业和群众涉及面广、办理量大、办理频率高的政务服务事项，优化服务方式，丰富办事渠道，大力推进政务服务“减时间、减环节、减材料、减跑动”。充分尊重企业自主选择权，不限定申请方式，推动线下线上服务融合，最大限度利企便民。

三是坚持依法依规。按照“谁审批、谁监管，谁主管、谁监管”的原则，在推进“高效办成一件事”过程中，强化审管衔接，创新大数据监管和信用监管，提升监管效能。遵守法律法规规定，企业设立后进行变更登记、注销登记，依法需要前置审批的，严格依照相关法律法规执行。

三、《实施意见》的主要内容

一是推行企业信息变更“一次办”。企业信息变更“一件事”是指将企业变更登记、企业印章刻制、税控设备变更发行、社保登记变更、住房公积金企业缴存登记变更、银行基本账户信息变更预约服务等事项整合为“一件事”，按照“一次采集、一网申报、并联审批”模式集成办理。具体围绕推进企业信息联动变更、实现流程材料优化简化、提升“一网通办”服务能力三个方面，推动企业信息变更“一件事”落地见效。

二是推行企业注销“一网办”。企业注销“一件事”是指依托各地已建设的企业注销“一网服务”平台，建立健全企业退出涉及的税务注销、企业注销登记、海关报关单位备案注销、社保注销、银行账户注销、印章注销等。目前，注销“一网服务”平台已实现了与税务、海关、人社等部门的对接，这次新增了与中国人民银行、公安两个部门的对接任务。具体围绕完善注销平台功能、优化银行账户销户服务、实行公章刻制备案信息同步注销三个方面，推动企业注销“一件事”落实落细。

三是推行开办餐饮店“一体办”。开办餐饮店“一件事”是指企业在办理食品经营许可证时，可同步共享核验营业执照信息，申请办理户外招牌设施设置及公众聚集场所投入使用、营业前消防安全检查。具体围绕推进开办餐饮店“一件事”集成办理、推进“减材料、减环节”、提供优质高效的办事服务三个方面，推动开办餐饮店“一件事”迭代升级。

四、如何抓好《实施意见》的贯彻落实

市场监管总局等八部门将指导各地在地方党委、政府领导下，切实贯彻落实《实施意见》，强化部门协同配合和信息共享，优化政务服务，抓好工作任务的落实落地。鼓励各地在确保工作质量、风险可控的前提下，创新更多管用可行的地方特色。做好改革政策宣传解读工作，加强窗口人员业务培训。调整优化业务流程，修订完善办事指南。推进政务服务窗口制度化规范化建设，健全落实首问负责、一次性告知、限时办结、帮办代办、“好差评”等制度，优化规范窗口服务，提升服务效能。加强审批、监管、执法工作协同，推进部门间信用信息共享。

（来源：国家市场监督管理总局官网）

国家知识产权局　司法部

关于深化协同保护加强知识产权法治保障的意见

2024年4月25日　　国知发保字〔2024〕12号

各省、自治区、直辖市和新疆生产建设兵团知识产权局、司法厅（局）：

为深入贯彻党中央、国务院关于全面加强知识产权保护工作的决策部署，加强知识产权法治保障，优化协作配合机制，强化协同保护力度，深化知识产权管理部门与司法行政机关在知识产权保护工作中的合作，共同推动构建知识产权“严保护、大保护、快保护、同保护”工作格局，现提出如下意见。

一、总体要求

以习近平新时代中国特色社会主义思想为指导，深入学习贯彻习近平法治思想，认真落实习近平总书记关于加强知识产权保护的系列重要指示精神，全面贯彻党的二十大精神，推进《知识产权强国建设纲要（2021—2035年）》《法治中国建设规划（2020—2025年）》《“十四五”国家知识产权保护和运用规划》实施，认真落实《关于强化知识产权保护的意见》《关于健全行政裁决制度加强行政裁决工作的意见》要求，发挥知识产权管理部门与司法行政机关优势，形成工作合力，协同推进知识产权全链条保护，着力建设面向社会主义现代化的知识产权制度，加强知识产权法治保障，营造良好营商环境和创新环境，为社会主义现代化强国建设提供有力支撑。

二、工作内容

（一）加强知识产权法律制度建设。统筹推进商标、专利等领域立法工作，积极推进商标法及其实施条例修改进程。加强地理标志等领域立法，健全专门保护与商标保护相互协调的统一地理标志保护制度。加强集成电路布图设计法规修订研究论证。推动研究构建数据知识产权保护规则。在知识产权执法领域全面贯彻新修订的行政处罚法，完善行政裁量权基准制度，深入落实没收违法所得、情节轻微不罚、首犯不罚、没有主观过错不罚、司法行政双向移送等新规定，共同推进商标、专利执法既严格保护知识产权，又确保公共利益和激励创新兼得。

（二）推进知识产权侵权纠纷行政裁决。联合印发实施加强新时代专利侵权纠纷行政裁决工作相关政策文件。研究推进专利侵权纠纷行政裁决法律制度建设，进一步健全行政裁决制度，突出行政裁决制度优势。落实行政裁决权利告知制度，优化行政裁决程序流程。完善行政裁决考核机制，将专利侵权纠纷行政裁决工作纳入地方法治政府相关考核和整体部署，加强对行政裁决工作的政策引导和业务指导。推动知识产权管理部门切实履行行政裁决职责。共同探索推进知识产权领域侵权纠纷行政裁决工作改革试点，推进行政裁决规范化建设，加大行政裁决执行力度，推动建立体系健全、渠道畅通、公正便捷、裁诉衔接的裁决机制，推动实施裁诉衔接工作。

（三）推动知识产权纠纷化解社会共治。充分发挥行政复议公正高效、便民为民的制度优势，提升知识产权领域行政复议案件的办理质效，妥善化解知识产权纠纷，切实维护社会公平正义和知识产权权利人合法权益。积极推动设立知识产权纠纷人民调解组织。联合印发实施加强知识产权仲裁工作的政策文件。鼓励、支持仲裁机构开展知识产权业务，推进知识产权仲裁专家库建设。推动知识产权纠纷调解与复议、诉讼、仲裁等工作衔接。加强对知识产权领域严重违法失信主体信息共享。推动开展知识产权领域法律服务和维权援助资源共享、有机衔接。规范发明创造和（重大）技术革新认定工作，认真落实监狱法及相关司法解释有关减刑假释、“立功表现”和“重大立功表现”等规定。

（四）发挥鉴定公证机构支撑作用。知识产权管理部门贯彻《关于加强知识产权鉴定工作的指导意见》，加强知识产权鉴定机构培育，健全知识产权鉴定标准体系。司法行政机关加强登记管理范围内涉及知识产权鉴定相关的鉴定机构专业化、规范化建设。研究规范知识产权鉴定准入和监督管理工作。建立对知识产权鉴定机构从业情况的反馈机制。强化知识产权鉴定行业诚信体系建设，开展知识产权鉴定项目和案卷质量评查，规范执业道德、严格行业惩戒。支持和引导公证机构为企业、科研院所和发明创造权利人的技术研发、技术改造等活动提供公证服务，对市场、电子商务、展会中侵犯专利权、商标专用权的商品办理保全证据公证。加强对权利人以协议、遗嘱、赠与等方式使用、传承知识产权的公证服务工作。探索对有给付内容的知识产权纠纷调解协议办理赋予债权文书强制执行效力公证。

（五）深化律师知识产权法律服务工作。加强知识产权专业律师队伍建设，引导更多律师特别是优秀年轻律师从事知识产权业务，支持发展知识产权领域专业律师事务所，研究开展知识产权专业律师职称评定工作。鼓励从事知识产权业务的律师取得专利代理师资格证，培养更多具有法律、理工等跨学科背景的复合型人才。研究知识产权专业学位教育与法律职业资格的有效衔接。加强各级律师协会知识产权专业委员会建设，积极开展知识产权业务培训和交流研讨活动，建立知识产权领域法律服务典型案例评选发布机制。加强知识产权领域公职律师队伍建设，提高依法行政水平。构建与现代产业体系相适应的律师法律服务体系，推动知识产权法律服务与先进制造业深度融合，促进提升产业链供应链的安全性、稳定性。支持国内律师事务所设立境外分支机构，加强涉外专利律师培养，积极参与知识产权海外预警和涉外知识产权维权援助工作，护航我国企业“走出去”。

（六）厚植知识产权文化理念。各级知识产权管理部门和司法行政机关要加大保护知识产权宣传力度，大力提升人民群众参与、促进、监督知识产权法治建设的积极性，营造尊重创新、保护知识产权的良好社会氛围。开展知识产权文化建设理论和学术研究，联合开展贴近时代、贴近百姓、贴近生活的知识产权文化惠民活动，增强全社会尊重和保护知识产权的意识。鼓励各地开展知识产权专家学者进机关、进校园等培训活动。把知识产权主题宣传活动开展情况纳入普法检查验收的重要内容，作为评选表彰普法先进的重要指标。找准宣传亮点，扩大宣传途径，创新宣传方式，充分利用世界知识产权日、全国知识产权宣传周等重要时机，采用召开新闻发布会、发布白皮书和典型案例、举办知识产权公益讲座等方式，积极宣传知识产权保护成效，充分展示我国保护知识产权的决心和成效。

（七）深化知识产权国际交流合作。密切配合，共同跟踪研究知识产权保护领域国际发展趋势和问题，推动完善知识产权保护相关国际规则和标准制定。在知识产权保护相关国际谈判中加强沟通，切实维护我国利益。在国际条约的签署、批准或加入的法律审核中，加强沟通，推进相关国内报批程序。深入研究知识产权领域相关重要国际条约，开展与国内制度的比较研究，进行加入可行性分析论证，推进遗传资源及其相关传统知识国际法律文书磋商签署工作，为尽快形成国际保护规则贡献中国智慧。积极分享中国知识产权保护优秀经验和案例，讲好中国知识产权故事，展示文明大国，负责任大国形象。共同加强涉外知识产权保护合作，营造国际一流营商环境，助力我国企业“走出去”。

三、组织保障

（八）建立会商机制。国家知识产权局和司法部建立知识产权保护协调会商机制，适时组织召开会议，根据工作需要邀请知识产权司法和行政相关部门参加，相互通报知识产权保护工作情况，并就突出问题或者知识产权保护中存在的普遍性、趋势性问题加强研究，会商提出对策，对于达成一致的事项及意见，以会议纪要、会签文件、共同出台指导意见等形式予以明确，并由责任方负责落实。省级以下知识产权管理部门、司法行政机关在日常工作中要积极拓宽交流沟通的渠道和方式，逐步建立常态化、多样化的会商沟通机制，共同研究落实相关工作。

（九）加强信息共享。各级知识产权管理部门、司法行政机关要推进商标、专利、地理标志、集成电路布图设计行政执法、调解等环节的信息沟通和共享。加快推进国家知识产权保护信息平台建设，提升知识产权行政复议工作在线管理水平，及时报送知识产权行政复议案件信息。建立信息定期交换机制，加强保护工作成效评估监测，及时总结推广典型经验做法。强化知识产权公共服务保障，进一步提升知识产权公共服务效能。

（十）加强交流培训。进一步完善人才交流机制，各级知识产权管理部门和司法行政机关可根据工作需要互派综合素质高、专业能力强的干部交流学习，促进双方业务深度合作。国家知识产权局和司法部定期对知识产权管理部门、司法行政机关中知识产权保护工作作出突出贡献的集体和个人表扬鼓励。司法部加大对知识产权人民调解委员会、知识产权人民调解员的表彰力度。

指导案例、典型案例与解读

人民法院交叉执行典型案例

（2024 年 7 月 3 日）

案例 1

四川某瑞化工公司与某升化工公司执行实施案

——四级法院内外联动、协同执行，以强制托底促进执行和解、彰显对知识产权保护的力度和温度

【基本案情】

申请执行人四川某瑞化工公司与被执行人某升化工公司侵害技术秘密纠纷执行一案，最高人民法院于 2022 年 12 月 26 日作出生效判决，判令某升化工公司立即停止销售使用四川某瑞化工公司的涉案技术秘密所生产的三聚氰胺产品，销毁其年产 10 万吨三聚氰胺项目（一期）中涉及涉案技术秘密的设备等，并赔偿 9800 万元。2023 年 2 月 6 日，四川天府新区人民法院对该案立案执行，并将某升化工公司的金钱给付义

务执行完毕。但某升化工公司对于生效判决确定的销毁设备等行为义务一直未主动履行，因拆除、销毁案涉设备具有极强的专业性和一定的危险性，成本巨大，且对员工就业、企业经营、金融稳定、经济发展造成较大影响，可能导致执行程序陷入僵局。最高人民法院遂对本案进行挂牌督办，协调案件所涉四川、广东、山东三地九家法院形成合力、协同推进。后四川省成都市中级人民法院将本案提级执行，并由该院院长担任审判长，通过发送司法建议、依法传唤被执行人法定代表人、公开招标拆除企业等多种方式加大执行力度，同时，坚持能动执行理念，由上级法院和政府有关部门加强沟通协作，促进当事人执行和解。2024 年 1 月 28 日，经三级法院多次组织磋商，双方达成执行和解并签订协议，“一揽子”解决本案、广东省广州市中级人民法院某专利侵权案的执行，并促进了另外两起关联诉讼案件的化解。

【典型意义】

本案是全国执行标的最大的知识产权案件之一，也是最高人民法院挂牌督办的“交叉执行第一案”。在本案中，最高人民法院统一指挥、统一协调和统一部署，三地九家法院共同参战、协同推进。执行过程中始终坚持善意文明执行理念，与当地党委、政府和被执行人上级主管部门密切沟通、释明利害，最终实现破局，促成双方对本案及后续系列诉讼纠纷达成和解。双方通过协商确定专利许可费等，让已有设备持续创造经济利益，也为知识产权权利人提供“积极价值”，代替拆除设备的“消极价值”，既成功兑现胜诉权益，又让地方龙头企业实现已投入生产线的合法利用和可持续发展，实现了“执行一个案件，保护两方企业，保障两地经济发展”的良好效果，为依托交叉执行工作机制解决行为类执行案件提供了可复制、可推广的模板。

案例 2

某银行太原分行申请执行山西某饭店金融借款案

——上级督促执行三级法院协同发力 妥善执结积案实现双赢多赢共赢

【基本案情】

2012 年，山西某饭店从某银行太原分行贷款 1. 5 亿元用于装修改造，并以饭店主楼及相应土地作抵押，某某宾馆提供担保。在支付 2560 万元利息后，该项贷款于 2015 年 6 月逾期。2017 年 7 月，某银行太原分行将山西某饭店及担保人诉至山西省太原市中级人民法院（以下简称太原中院）。同年 11 月，太原中院作出民事判决并发生法律效力。2018 年 4 月，该案进入执行程序，执行法院冻结了被执行人银行账户、查封了财产并多次组织双方和解协商，但被执行人山西某饭店历史债务包袱重，在岗及退休职工 1300 人，生产经营困难，偿债能力弱，担保方某某宾馆也受疫情影响经营困难，如果就案办案、机械办案，简单把山西某饭店抵押的房产及土地强制处置变现偿债，可能出现“执行一个案件，垮掉一个企业，下岗一批职工”的后果，不能体现出司法服务和保障经济社会发展的职能，还容易引发社会稳定风险。

2023 年 12 月，最高人民法院将本案作为督促执行案件，与山西两级法院协同推进执行，在最高人民法院一线督促推动和山西两级法院的积极推进下，地方党委、政府主动协调配合，被执行人山西某饭店与申请执行人某银行太原分行及其上级总行多次协商，2024 年 1 月 12 日，当事双方就债务化解处置达成了执行和解协议并向太原中院申请结案，该案妥善化解，案结事了。

【典型意义】

该案被执行人山西某饭店本身经营困难，但案件久不执行，申请执行人不满，债务也越滚越大，矛盾逐步加深，执行法院受到各方面压力较大。通过开展交叉执行，由上级法院督促执行并与执行法院协同执行，能有效排除各方干扰强力推进执行，同时兼顾各方利益，有利于促进各方达成和解。本案中，申请执行人某银行太原分行一次性拿到了“真金白银”，化解核销积存多年的不良债权，并获得更加丰富广阔的业务发展空间；被执行人山西某饭店卸下了多年背负的历史包袱轻装前行，实现了双赢共赢多赢的目标。

案例 3

某物流公司与某银行、某钢铁公司等执行监督案

——通过上级法院指令其他法院执行实质化解积案

【基本案情】

某物流公司因大连海事法院在执行某银行申请执行某钢铁公司等金融借款合同纠纷案中，对执行法院长期不予发放案款的执行行为不服，向最高人民法院申诉。最高人民法院经审理查明，本案中案涉房产及土地使用权经大连海事法院依法组织网络司法拍卖，于 2018 年 2 月 9 日以 1.397682 亿元拍卖成交，拍卖款一直存放在人民法院账户中。某物流公司曾多次以其对案涉房产及土地使用权享有抵押权为由申请分配案款，但执行法院因多种因素未制作分配方案，因此均未准许，为此某物流公司多次向上级法院申诉信访。最高人民法院认为本案符合法律、司

法解释规定的上级法院决定指令执行的法定情形，遂裁定将本案交由浙江省宁波市中级人民法院（以下简称宁波中院）执行。指令执行后，宁波中院集中精干力量在较短时间内完成了调卷、约谈当事人、现场核查和法律研判等工作，并依法定程序制作案款分配方案后送达相关当事人。目前因部分当事人对该分配方案提出异议，正在异议之诉审理程序中。

【典型意义】

本案原执行法院在案涉房产及土地使用权拍卖成交后因各种原因长期未能作出案款分配方案，导致当事人多次、常年申诉信访，符合指令执行的法律规定。上级法院依法将案件指令由辖区内其他人民法院执行，系利用交叉执行方式化解执行积案和执行信访的创新举措，有利于案件的实质性推进和矛盾的有效化解。同时，本案也是交叉执行工作开展以来首次由最高人民法院直接作出指令执行裁定的案件，在交叉执行后取得突破性进展，并已导入法定救济程序以公正处理各方纠纷。本案的有效处理证明，交叉执行机制在加强执行工作“三统一”管理，强化对执行权的监督制约，攻坚执行难案等方面具有重大意义。

案例 4

某农村商业银行与某房地产开发公司借款合同纠纷执行案

——提级合并执行，避免下级法院重新评估拍卖，有效提升执行效能

【基本案情】

某农村商业银行与某房地产开发公司签订《借款合同》，贷款 5500

万元，借款期限5年。某房地产开发公司用其名下商业房产一幢（-1层至12层）为贷款提供抵押担保，并进行了公证。贷款期限届满后，某房地产开发公司在偿还100万元后剩余部分未按期履行，某农村商业银行多次催讨未果后，持公证债权文书和执行证书向陕西省商洛市中级人民法院（以下简称商洛中院）申请强制执行。商洛中院对某房地产开发公司名下提供抵押的整幢商业房产进行了查封，在查明某房地产开发公司名下无其他财产可供执行后，决定对该幢楼进行评估拍卖。为方便该幢楼后续处理，在征得双方当事人同意后，执行法院先行委托测绘机构对整幢楼进行分层测量然后委托评估机构对整幢楼进行评估的同时也评估出每一层的价值。经过两次拍卖、一次变卖，整幢楼均因无人参与竞买而流拍，某农村商业银行接受该幢楼的1层至11层以物抵债。

商洛中院在执行过程中，了解到陕西省商洛市商州区人民法院（以下简称商州区法院）正在执行某建设公司与某房地产开发公司建设工程施工合同纠纷一案，并且商州区法院对该幢楼进行了轮候查封（某建设公司对该幢楼不享有建设工程优先权），如果商洛中院直接结案，被执行人名下剩余的-1层和地上第12层将由商州区法院进行处置，需要重新进行评估拍卖，不仅浪费司法资源、延长执行期限，还将给当事人增加经济负担，遂决定将商州区法院执行的案件提级合并执行，将某房地产开发公司名下尚未以物抵债的地下-1层和第12层作价700万元以物抵债给了某建设公司，实现了该公司的部分债权。

【典型意义】

上级法院和下级法院对案涉房产都进行了查封，分别处分需要重新进行评估拍卖，不仅浪费司法资源、延长执行期限，还将给当事人增加经济负担。由上级法院提级合并执行，节约了评估拍卖的时间，有效提升了执行效率，减少了评估费用、利息等当事人的经济负担，满足了权利人对司法的期盼，兑现了部分胜诉权益。此种情形下的提级合并执行是深入贯彻善意文明执行理念的生动实践。

案例5

内蒙古某矿业有限公司系列执行案

——通过提级集中执行推动债务集中化解，维护国家能源安全

【基本案情】

内蒙古某矿业有限公司所有的某露天煤矿项目是国家煤炭工业“十一五”规划的十个千万吨露天煤矿之一，资源储量极大，具备明显区位优势，市场前景广阔，亦能有效带动周边经济发展。该公司投入巨额资金和大量人力、物力后，基本完成了矿区生产、生活和配套设施的建设，但由于多种客观原因，该煤矿自2019年6月一直处于停建停产的状态，产生大量民事纠纷，并最终进入强制执行程序。2019年6月至2022年底，内蒙古自治区锡林郭勒盟全盟法院共受理涉内蒙古某矿业有限公司执行案件53件，涉及民营企业60余家，申请执行标的合计2.5722亿元。因内蒙古某矿业有限公司停工停产，无法偿还债务，案件无法顺利执结。2023年，内蒙古某矿业有限公司迎来转机，在有关部门支持下，露天煤矿项目被列为国家能源保供煤矿，全力复工复产。锡林郭勒盟中级人民法院（以下简称锡盟中院）及时转变执行思路，将辖区基层法院涉内蒙古某矿业有限公司执行案件全部提级至中级法院统一执行，成立案件执行工作组，坚持“放水养鱼”执行策略，通过采取依法解除法定代表人限制消费措施，解封物资库、物料库，“活封”“活扣”机器设备等措施，助力企业复工复产，争取集中化解企业

债务。执行过程中，锡盟中院坚持“双赢多赢共赢”理念，优先保证上下游民营企业本金部分得到受偿，保障民营企业健康发展。对利息和迟延履行利息部分，加大执行和解力度，积极寻找双方利益平衡点，促成分期履行方案，为企业争取复工复产有利时间。经过一年的恢复整顿，内蒙古某矿业有限公司的生产经营情况得到明显改善，复工复产取得显著成效。截至目前，锡盟中院将内蒙古某矿业有限公司所涉上下游民营企业的2.4394亿元本金部分已全部执行到位。现内蒙古某矿业有限公司已正式复工复产，正在积极偿还剩余债务。

【典型意义】

如何服务保障建设势强劲足的国家重要能源和战略资源基地，如何妥善化解涉能源企业纠纷，是司法工作者的重大课题。本案执行过程中，锡盟中院坚持以优化法治化营商环境、精准服务企业为宗旨，持续强化善意文明执行理念，以“双赢多赢共赢”思维做实能动履职。锡盟中院在依法保障胜诉当事人合法权益基础上，最大限度减少对被执行人合法权益的影响，避免“办一个案子，垮掉一个企业”。锡盟中院通过采取提级集中执行举措，做实交叉执行，高位推动债务集中化解，助力企业复工复产，促进能源产业的健康发展，有力保障上下游企业的合法权益，为地方经济高质量发展提供有力司法保障。

案例6

青岛某民间资本管理有限公司与田某某等增资纠纷执行案

——对需要地方党委、政府支持的复杂案件，指定相应地方执行，便于府院联动加快财产处置实现共赢

【基本案情】

青岛某民间资本管理有限公司与田某某等增资纠纷一案，山东省青岛市崂山区人民法院（以下简称崂山区法院）于2023年1月14日立案执行，执行标的额2400万余元。执行过程中，崂山区法院依法查封了位于山东省青岛市城阳区一宗面积为38亩的批发零售用地（主要用于商品批发、零售的用地，如商超、市场、加油站等用地），并在法定期限内启动评估拍卖程序。但该地块法律关系复杂，一直是各方的“心头结”，对城阳区党委、政府而言，土地长期闲置不能顺利收储；对申请执行人而言，查封长达9个月未拍卖成交，胜诉权益无法及时兑现；对法院和被执行人而言，异地处置财产造成司法资源浪费和司法成本增加。为加快收储土地，兑现胜诉权益，青岛市中级人民法院（以下简称青岛中院）研判，案涉土地位于城阳区，由青岛市城阳区人民法院（以下简称城阳区法院）现场勘查、清迁更为便利。青岛中院于2023年9月26日作出裁定，指定城阳区法院执行。城阳区法院与崂山区法院迅速对接，一天之内完成卷宗交接工作，两天内立案，三天内挂网拍卖。为保障财产顺利处置，城阳区法院利用拍卖前一个月的公告期，积极争取当地党委支持，发动当地企业广泛参与竞拍。同时，考虑到该土地需缴纳较高土地交易税费，为确保申请执行人权益得到充分维护，财

产处置效益最大化，城阳区法院依法作出不降价拍卖决定，该土地以评估价 110846115 元为起拍价进行公开拍卖，最终由青岛城阳某发展集团有限公司竞拍成功。申请执行人顺利领取全部执行案款，买受人亦顺利完成产权过户登记手续。该案从指定执行到顺利处置仅用 38 天，执行到位率达 100%。

【典型意义】

执行过程中，查封的面积为 38 亩的批发零售用地，法律关系复杂，处理难度极大，需要当地党委、政府支持配合。青岛中院将案件交叉执行到财产所在地法院，便于府院联动，充分发挥当地党委总揽全局、协调各方的积极作用，推动财产快速处置。最终，依托当地党委、政府和法院的合力协调，发动辖区企业积极参与竞拍，促进案涉土地在月余时间顺利成交，顺利完成权属变更，达到了“双赢多赢共赢”，实现了政治效果、社会效果、法律效果的有机统一。

案例 7

某银行上海分行与上海某酒店管理公司等金融借款合同纠纷执行案

——三级法院协同执行，有利于充分发挥执行工作“三统一”机制优势腾退复杂房产

【基本案情】

申请执行人某银行上海分行与被执行人上海某酒店管理公司、上海某投资公司、上海某发展公司金融借款合同纠纷一案，根据生效判决，

上海某酒店管理公司应偿还借款本金 19.23 亿元及相应利息等，某银行上海分行对位于上海市虹口区的某酒店享有抵押权，上海某发展公司、上海某投资公司承担连带清偿责任。因各被执行人均未履行义务，上海金融法院于 2023 年 9 月 23 日公开拍卖案涉酒店，买受人上海某管理公司以 16.43 亿元竞买成交。

拍卖成交后，被执行人上海某投资公司以其对案涉酒店部分房产享有租赁权为由提出执行异议，请求中止将案涉酒店交付买受人。申请执行人认为异议没有事实与法律依据，并提供继续执行担保，案件依法继续执行。但是，被执行人上海某酒店管理公司以执行异议案件正在审查、有近 200 名员工需要安置等理由，拒绝交付并继续占有经营案涉酒店。

因案涉酒店尚在经营、体量巨大（共 40 余层，建筑面积 7 万余平方米），涉及大量员工（近 200 名）、房客（300 余名）、供应商（150 余家）、预付卡消费者（100 余名）等利益群体，案情重大复杂，上海市高级人民法院（以下简称上海高院）依照《最高人民法院关于人民法院执行工作若干问题的规定（试行）》第 74 条第 2 款规定作出执行决定书，决定案涉酒店的强制腾退与交付工作由上海高院、上海金融法院、不动产所在地上海市虹口区人民法院协同执行。在上海高院的有力督促、指导和大力协调下，属地公安、人社、文旅、卫健、街道等部门全力协助，经过详细制订执行预案、分步实施腾退工作、妥善化解群体矛盾，上海金融法院和上海市虹口区人民法院累计协同执行 5 次，出动执行干警近 200 人次，最终于 2024 年 5 月 30 日成功将案涉酒店平稳交付给买受人，充分彰显了司法权威，持续优化了法治化营商环境。

【典型意义】

大型酒店拍卖成交后的强制腾退，具有体量大、风险多、利益群体复杂等特点，由高级法院决定开展协同执行，有利于充分发挥执行工作

“三统一”机制优势，有利于统筹协调辖区优势力量形成强大执行合力，体现了新时代能动履职理念，是推动解决重大、疑难、复杂案件执行的重要途径和有效手段。在强制腾退过程中，人民法院切实贯彻“党委领导、政法委协调、人大监督、政府支持、法院主办、部门联动、社会参与”的执行难综合治理工作大格局要求，全面加强与属地党委、政府沟通协调，明确相关部门职责分工，妥善处理群体性矛盾，充分体现了善意文明执行和“双赢多赢共赢”理念。

案例 8

单某某与吴某某离婚纠纷执行案

——因对判决不满交叉到异地法院执行，
通过释法明理，当事人消除误解主动履行

【基本案情】

单某某与吴某某离婚纠纷一案，安徽省潜山市人民法院（以下简称潜山法院）判决：一、准许原告与被告离婚；二、婚生女随原告生活，被告每月支付抚养费直至其年满 18 周岁；三、夫妻共同财产中，自建房一幢归被告所有，大众牌小轿车归原告所有。判决生效后，因原、被告双方矛盾仍然存在，被执行人吴某某一直拒不交付车辆。单某某于 2023 年 9 月 12 日向潜山法院申请强制执行，要求被执行人吴某某将大众牌小轿车立即交付申请执行人，并协助办理车辆过户。

潜山法院在执行过程中，依法向被执行人吴某某送达执行通知书，因其长年在外地务工，承办人与其电话沟通。沟通中了解到，因被执行人对潜山法院生效判决心存不满，认为潜山法院不仅判决原、被告离婚，将小孩抚养权判给申请执行人，并将夫妻婚姻存续期间的共同财产车辆也判给申请执行人，故其在电话中明确表示不配合潜山法院的执行。后续承办人多次拨打其电话，吴某某拒绝接听。因其在务工城市没有固定住处，案件进入了僵局。潜山法院研判认为，因被执行人存在抵触情绪，异地执行更有利于双方当事人打开心结，遂提请上级法院指定其他法院交叉异地执行。

案件指定到安徽省望江县人民法院（以下简称望江法院）立案执行后，执行法院立即向被执行人送达执行通知书，并通过电话联系被执行人，告知其案件现由望江法院执行。听闻电话的另一边是望江法院的工作人员，吴某某的态度开始缓解，并诉说自己的委屈。执行法官趁机向其释法说理，告知其拒不履行法院生效判决的严重后果。被执行人意识到错误后，主动告知其住址和车辆所在地。在法院主持下，双方当场交付车辆和钥匙，随后协助申请执行人办理了车辆过户手续，案件执行完毕。

【典型意义】

本执行案件的难点在于被执行人对原审法院的判决不满，有抵触情绪，不愿意配合案件的执行。交叉执行后，因望江法院并非作出判决的法院，经望江法院执行人员释法明理，消解被执行人的抵触情绪，被执行人反而愿意配合法院的执行，最终执行完毕。本案将审判与执行统筹考虑，以最有利于执行的原则推动工作，是以交叉执行落实审执分离的一次有益探索和生动实践，最终实现案结事了。

案例 9

苏州某电器公司涉劳动争议系列纠纷执行案

——交叉集中执行与立审执衔接配合助力 44 名工人解“薪”事

【基本案情】

2023 年以来，苏州某电器公司因经营不善，多家门店相继关门歇业，引发大量涉劳动争议案件以及合同类案件陆续进入执行程序，案件分布在姑苏、昆山、太仓等苏州辖区多家法院。2023 年 6 月 15 日，江苏省苏州市姑苏区人民法院（以下简称姑苏区法院）首先立案受理赵某等人与苏州某电器公司劳动争议纠纷执行案。由于系列案件分散在不同法院，如继续由各法院分别执行，可能会出现财产查控处置进展不一、执行措施适用交织等问题，进而影响债权人受偿顺序和比例，不利于群体性矛盾纠纷的妥善化解。

为从整体上降低相关案件执行成本，提升执行效能，稳妥高效化解涉劳动者权益保护系列纠纷，苏州市中级人民法院决定对该系列案件实行集中交叉执行。同时，考虑到姑苏区法院既是在先执行法院，又是受理案件数量最多的法院，对被执行公司名下财产状况更为了解，有利于后续执行工作的开展，决定由姑苏区法院交叉集中执行以苏州某电器公司为被执行人的执行案件，共涉及劳动争议案件 33 件，涉案劳动者 44 人。

姑苏区法院在执行中加大对财产线索的挖掘与排查力度。经逐一筛查关联案件，执行法官发现该公司有一件作为原告的房屋租赁合同纠纷案件尚在审理中，当即通过审判法官与该案多名被告沟通协调，成功提取到期债权 400 万余元。经充分考虑各劳动者实际困难、各债权人利益分配关系等因素，姑苏区法院积极组织各方协商，最终达成执行财产分配协议，实现了所有劳动争议案全额受偿。2024 年 3 月 1 日，涉案全体劳动者委托代表向执行法官送来锦旗表示感谢。

【典型意义】

针对被执行公司在同一地级市范围有多家基层人民法院均有系列执行案件的情况下，共同上级法院指定最先执行且案件数量最多的基层人民法院对所有相关案件进行交叉执行，实行关联案件集中管辖，既有利于整合全市执行资源、降低整体执行成本，又有利于提升案件执行效果。被指定法院通过发挥立审执联动配合优势，深挖关联案件潜在财产线索，巧用执行财产协议分配制度，依法为实现劳动者工资优先受偿提供路径，最终实现政治效果、社会效果、法律效果的有机统一。

案例 10

王某某申请执行案

——对存在消极执行的案件开展交叉执行有利于强化执行监督

【基本案情】

王某某与焦某某租赁合同纠纷一案，2019 年 6 月 14 日，河南省获嘉县人民法院（以下简称获嘉法院）作出民事裁定，对王某某与焦某某经人民调解委员会调解就 12. 3 万元欠款清偿达成的调解协议予以确认。焦某某在支付 3000 元后，未按照协议履行剩余款项。王某某于同年 10 月 15 日申请执行，获嘉法院于当日立案，承办人李某军。10 月 17 日，执行法院冻结了焦某某名下股票，但并未依法处置。2020 年 1

月9日，焦某某儿子焦小某以名下房产担保还款，获嘉法院遂查封了焦小某名下房产并进行拍卖，经一拍、二拍，均流拍，王某某也不同意以房产抵债。2020年9月8日，获嘉法院裁定终结本次执行程序。2023年7月，获嘉法院采纳检察建议恢复执行，冻结焦某某银行账户，轮候查封焦某某名下3辆车辆，但均未实际扣押；同年10月，扣划焦某某银行存款4532元，并支付给王某某。2024年4月4日，河南省高级人民法院决定对本案启动交叉执行，一是由省高院督促执行，二是变更案件承办人。4月18日，获嘉法院将焦某某名下股票强制变卖，变卖款22235.02元交付王某某，5月25日，对焦某某名下房产进行处置，案件取得实质性进展，6月4日，被执行人家属主动将剩余案款交到法院，本案执行完毕。王某某对人民法院通过交叉执行强力推进执行工作表示满意与感谢。针对案件原承办人李某军在办理案件过程中存在的消极执行、违规终结本次执行程序等问题，获嘉法院党组研究决定，给予其政务记过处分。

【典型意义】

本案在首次执行程序中怠于采取执行措施，在处置担保房产未果的情况下，未及时处置股票等财产，未穷尽财产调查、处置等执行措施即终结本次执行程序。通过交叉执行，由上级法院督促执行的同时变更案件承办人。经交叉执行案件取得实质性进展，得到申请执行人认可。对案件原承办人依法追责，充分体现了交叉执行有利于加强执行监督，消除消极执行，规范执行行为的积极意义。

最高人民检察院　中华全国总工会

关于印发《充分发挥行政检察监督职能助力根治欠薪典型案例》的通知

（2024 年 4 月 3 日）

各省、自治区、直辖市人民检察院、总工会，新疆生产建设兵团人民检察院、总工会：

做好根治欠薪工作，维护广大劳动者合法权益，事关人民群众急难愁盼，事关社会和谐稳定。习近平总书记高度重视保障农民工工资支付工作，多次作出重要指示批示。2023 年 12 月，最高人民检察院专门下发通知，部署做好根治欠薪工作。今年 2 月，最高人民检察院与全国总工会联合印发《关于协同推进运用“一函两书”制度保障劳动者权益工作的通知》，强化检察机关和工会协同保护劳动者合法权益，依法解决拖欠劳动者工资问题。为落实根治欠薪专项行动的部署和“一函两书”制度，发挥典型案例的示范、指导和引领作用，依法推进拖欠劳动者工资问题解决，我们筛选编写了《充分发挥行政检察监督职能助力根治欠薪典型案例》，供参考借鉴。

这四件典型案例突出诉源治理，助力根治欠薪问题。检察机关通过办理行政非诉执行监督案件，督促解决建筑业、服务业等领域欠薪多发问题；对企业恶意注销欠薪、法院执行不规范等情形，积极运用大数据监督模型，开展专项监督，建立长效机制，发挥一体履职、综合履职、能动履职优势，有力推动劳动者欠薪问题的源头治理。工会及时排查发现劳动者工资支付问题，强化与检察机关协同共治，切实保障劳动者合法权益。这些案件对各级检察机关、工会充分发挥职能作用，携手做好根治欠薪工作，具有指导意义。

做好根治欠薪工作，是检察机关、工会必须扛起的政治责任。要深刻认识根治欠薪工作的重要性，落实根治欠薪专项行动的部署，贯彻落实“高质效办好每一个案件”要求，加大对拖欠劳动者工资案件的监督纠正力度，努力为根治劳动者欠薪提供有力法律服务和司法保障。

案例 1

上海某餐饮公司劳动欠薪行政非诉执行检察监督案

【关键词】

行政非诉执行监督　恶意注销　拖欠工资　一体履职

【基本案情】

上海市某区人社局向某区人民法院申请强制执行对某餐饮公司责令其补发劳动者工资的行政处理决定时，发现该公司已注销，后该局撤销原行政处理决定书，但未作出新的行政处理决定。钟某某等多名劳动者认为区人社局应向法院申请强制执行而未申请，致使其未能及时获得劳动报酬，2022 年 9 月至 2023 年 2 月间陆续向上海市某区人民检察院（以下简称区检察院）申请监督。

【检察机关履职情况】

区检察院审查认为，该案涉及 35 名劳动者，个别人员为超龄用工，且大部分为农民工，因申请人身份及救济方式不同，仅通过行政检察无法全面维护其权益，需要检察机关多个职能部门共同介入。行政检察部门遂制定多部门开展监督的工作方案，牵头组建由行政、民事、刑事、控告申诉检察人员组成的“涉农民工线索办理团队”，开展专案办理，并一体履职，接力开展监督工作。首先，向区人社局制发检察建议，督促其重新作出行政处理决定，并责令三名股东支付拖欠工资及加班费。其次，因公司股东拒不支付，开展民事支持起诉。经上述工作仍有部分劳动者未获支付，督促区人社局向公安机关移送涉嫌拒不支付劳动报酬罪线索。

经过检察机关一体履职，35 名劳动者的欠薪全部追回。针对办案发现的企业恶意注销治理难题，区检察院会同区人社局、区市场监管局制定《关于建立涉劳动纠纷案件行政监管与行政检察工作衔接机制的意见（试行）》，形成全市基层首个《关于加强市场主体行政执法司法信息互通和衔接配合机制的意见（试行）》，防范恶意注销风险。同时，区检察院与区总工会共同印发《关于区检察院与区总工会共同推进职工劳动权益保障协同工作机制框架协议》，进一步明确依托区委全面依法治区委员会行政检察协调小组，推动相关行政机关履行监管职责，形成“治欠保薪”工作合力。

【典型意义】

检察机关在办理涉劳动者群体性欠薪案件中，针对用工人员身份、维权途径复杂的问题，可能关涉多项检察职能的履行，应当坚持一体履职理念，通过组建跨部门联动办案团队，内部形成监督合力，外部协同督促行政监管部门严格依法履职，与工会组织定期互通涉劳动权益保障案件情况，加强协作，及时化解争议，共同维护劳动者合法权益。针对办案发现企业利用执法司法信息壁垒、恶意注销逃避欠薪等法律责任的深层次社会治理问题，牵头行政执法机关、市场登记机关建立信息互通和工作衔接机制，维护诚实守信的市场登记管理秩序。

案例 2

安徽某建筑劳务公司等欠薪行政非诉执行检察监督案

【关键词】

行政非诉执行监督　企业欠薪　二次申请　类案监督

【基本案情】

安徽省某建筑劳务公司拖欠刘某等 3 人工资合计 14 万元，某木业公司拖欠张某等 11 人工资合计 80481 元，某塑胶科技公司拖欠孙某等 3 人工资合计 19122 元，上述三公司分别被某县人社局作出限期支付工资行政处理决定书。其中，某塑胶科技公司还因拖欠工资被县人社局作出行政处罚。以上三份行政处理决定和一份行政处罚决定，均由县人社局向法院申请行政非诉执行。某县法院经审查对以上四个案件均作出准予强制执行裁定，但未立案执行。县人社局又再次向县法院申请强制执行，县法院在对某木业公司立案执行后，又认为县人社局作为申请执行主体不符合法律规定，裁定驳回县人社局执行申请，其他三个案件县法院收到第二次申请材料后也迟迟未予立案执行。安徽省某县人民检察院（以下简称县检察院）在开展行政检察工作中发现上述线索，遂依职权启动监督。

【检察机关履职情况】

县检察院审查认为，依据《最高人民法院关于适用〈中华人民共和国行政诉讼法〉的解释》第一百六十条、《最高人民法院关于办理行政机关申请强制执行案件有关问题的通知》第一项、《最高人民法院关于执行权合理配置和科学运行的若干意见》第 13 条的规定，法院作出准予强制执行裁定的案件应当自行移送立案执行，县法院未立案执行，存在怠于履职行为。同时，依据《人力资源社会保障部关于实施〈劳动保障监察条例〉若干规定》第四十四条的规定，劳动行政部门作出的行政处罚决定、责令支付劳动者工资报酬的行政处理决定，劳动行政部门可以依法申请人民法院强制执行，县法院以县人社局申请主体不适格裁定驳回执行申请不符合法律规定。

县检察院依法对上述四个案件进行监督，建议法院撤销驳回执行申请的裁定，并对未立案执行的三个案件立案执行，纠正行政非诉执行案件二次申请强制执行的做法。县法院采纳检察建议，该系列案件均已进入执行程序，其中三个案件现已执行完毕。

【典型意义】

企业拖欠职工工资，事关职工的劳动所得和合法权益的保障。对欠薪问题的处理，经行政机关查处、作出行政处理决定、申请法院执行，再到法院审查作出准予执行裁定，法院执行程序是解决问题的最后环节。行政机关申请法院强制执行，法院作出准予强制执行裁定后应当自行立案执行，不需行政机关二次申请。检察机关发现法院执行活动存在不当情形，应当依法监督，确保执行活动依法规范有效，切实维护劳动者合法权益的实现。

案例 3

河南某农业物资销售公司欠薪行政非诉执行检察监督案

【关键词】

行政非诉执行监督　变更追加被执行人　农民工欠薪

【基本案情】

2020 年 12 月，河南省某农业物资销售公司因拖欠工人工资，被河南省漯河市某区人社局行政处罚。某区法院受理人社部门强制执行申请后，依法审查准予强制执行，案件进入执行程序但未查到该公司有财产可供执行，区法院于 2022 年 5 月 10 日裁定终结本次执行程序。2023 年 9 月，在漯河市根治拖欠农民工工资问题“百日攻坚”专项行动第二次会议中，河南省漯河市人民检察院根据市总工会的工作汇报发现该案线索，遂移交河南省漯河市某区人民检察院（以下简称区检察院）办理。区检察院经审查后依职权启动监督。

【检察机关履职情况】

区检察院经调查核实，查明该公司在农民工工资未支付、行政处罚未执行到位的情况下违法办理注销登记，导致行政处罚决定未能继续执行，区法院未依法及时执行到位，区人社局也未跟踪执行情况和依法申请变更、追加被执行人。区检察院在对个案调查核实的基础上，调取区人社局近三年作出的行政处罚决定，核查辖区农民工工资未支付的案件数量；并且调取区法院近三年被执行人为企业且未执行到位的案件清单，分析执行不到位的具体原因，核查是否存在可以追加、变更经营者、股东作为被执行人的情形等问题。

针对案件反映出的问题，区检察院分别向区法院和人社局制发检察建议，建议区法院：（1）依法受理区人社局追加、变更被执行人的申请，加大执行力度；（2）排查涉欠薪类未执行完毕的案件，逐案复查；（3）建立涉欠薪未执行完毕案件通报机制，及时通报有关部门。建议区人社局：（1）依法履行职责，对某公司欠薪案，向法院申请变更被执行人；（2）对近年来作出的未执行到位的行政处罚决定筛查梳理，建章立制，弥补工作漏洞；（3）加强与市场监管部门沟通，建立信息共享机制。

区法院和区人社局均采纳了检察建议，区人社局核实某农业物资销售公司未经法定清算程序即办理注销登记问题后，向区法院递交变更该公司三名股东为被执行人的申请执行书；区法院依法受理该申请，将该公司三名股东列为被执行人，进一步加大执行力度。同时，区人社局对2021年至2023年作出的行政处罚决定，进行归纳整理，建立行政处罚台账，逐案跟进处罚履行情况，并对辖区内建筑、餐饮、洗浴、母婴等容易发生欠薪的重点领域开展专项活动；并且同漯河市市场监管局某区分局进行沟通，建立信息互通机制，每月将履行期限到期后企业未缴纳罚款的行政处罚决定书通报给市场监管部门，协同开展涉及农民工工资的欠薪治理工作。

区检察院及时向区总工会通报案件办理情况，并就进一步加强拖欠农民工工资线索移交、法律援助、争议化解等方面沟通协作达成共识。同时，与区公安局、区人社局、区住建局会签《关于根治农民工欠薪工作机制的意见》，促进农民工欠薪问题常治长效。

【典型意义】

农民工工资支付问题，既直接关系着劳动者切身利益，又关系着社会和谐稳定。检察机关与工会组织充分发挥职能作用，及时排查发现农民工工资支付问题，并强化协同共治合力，切实保障农民工合法权益。同时加强府检联动，建立保障农民工工资支付行政执法与行政检察监督协作机制，推动行政执法机关与市场主体登记机关建立信息共享平台，有效解决农民工工资支付问题，促进行政机关依法行政。

案例 4

湖南某教育公司逃避支付劳动报酬行政非诉执行检察监督案

【关键词】

行政非诉执行监督　恶意注销　逃避支付报酬　大数据监督

【基本案情】

2020 年 9 月 25 日，湖南省某教育公司因未依法足额支付劳动者朱某的工资，被湖南省长沙市某区人社部门作出行政处理决定，责令其依法足额支付员工工资。某教育公司收到行政处理决定书后为逃避支付劳动报酬申请公司注销登记。2020 年 11 月 27 日，某教育公司办理注销登记。2021 年 6 月 15 日，区人社部门以该公司为被执行人向某区法院申请强制执行。2021 年 6 月 25 日，区法院裁定准予执行，并于 2021 年 12 月 16 日以该公司无财产可供执行，裁定终结本次执行程序。湖南省长沙市某区人民检察院（以下简称区检察院）在开展行政检察护航民生民利专项活动中发现本案线索，遂依职权启动监督。

【检察机关履职情况】

区检察院经审查认为，根据行政诉讼法第一百零一条以及《最高人民法院关于民事执行中变更、追加当事人若干问题的规定》（2020 年修正）第二十三条之规定，某区人社部门未查明某教育公司已注销登记及该公司实际义务承受人情况，未将该公司的实际义务承受人列为被执行人，存在错误认定被执行主体的情形；根据《最高人民法院关于严格规范终结本次执行程序的规定（试行）》第一条及《最高人民法院关于进一步规范近期执行工作相关问题的通知》第二条“关于终结本次执行程序相关问题”之规定，某区法院未查明某教育公司已注销即以该公司无财产可供执行终结本次执行程序不当。2023 年 6 月 15 日，就上述问题，区检察院向区人社部门及区法院分别发出检察建议，督促区人社部门依法向区法院申请变更某教育公司的原股东为被执行人，并建议其今后查明企业的存续状况，准确认定被执行人，申请强制执行时将涉案企业设立、变更、注销的登记档案及其他证明材料附送法院；建议区法院依法准确终结本次执行程序，穷尽财产调查措施。

2023 年 6 月 19 日，区人社部门采纳检察建议，向法院申请变更某教育公司的股东为被执行人，同时对公司恶意注销的案件进行集中排查；区法院采纳检察建议，表示今后将加强对企业存续状况及实际义务承受人的调查，规范终结本次执行程序，并恢复该案的执行。恢复执行后，某教育公司的原股东履行了行政处理决定，将拖欠的员工工资全部支付到位。

通过对该案的分析研判，企业恶意注销损害劳动者权益的情形并非个案，区检察院以专项活动促进问题治理，对区法院办理的涉劳动报酬类行政非诉执行案件予以全面排查，并灵活利用裁判文书、国家企业信用信息公示系统等，建立涉企行政非诉执行程序监督模型，发现被执行企业恶意注销致行政机关错误认定被执行主体线索 8 条、法院终结本次执行程序和终结执行程序违法线索 8 条。区检察院已对法院 4 件违规终结本次执行程序和终结执行程序案件监督纠正，其他案件线索正在办理中。

为进一步治理欠薪问题，区检察院联合区政法工作部、区人社部门、区法院和区公安机关共同制定了《关于建立根治欠薪协作机制的工作意见》，针对行政机关之间信息沟通不畅的问题，搭建信息共享平台、建立联席会议制度，形成农民工欠薪问题治理合力，建立了长效常治机制。

【典型意义】

问题企业恶意注销，企图“金蝉脱壳”逃避法律责任，严重损害了劳动者的合法权益，破坏了规范有序的营商环境。检察机关以护航民生民利为出发点和落脚点，聚焦民生领域和劳动者等特定群体，通过专项监督、数据模型发现监督线索，并充分发挥府检联动作用，推动建立行政执法与检察监督衔接机制，让恶意注销企业的义务承受人承担其应尽的责任和义务，有力维护劳动者合法权益，实现个案办理向社会治理的延伸。

合力维护劳动者合法权益

——最高人民检察院、中华全国总工会相关部门负责人就《充分发挥行政检察监督职能助力根治欠薪典型案例》答记者问

为深入学习贯彻习近平新时代中国特色社会主义思想，全面贯彻党的二十大精神，认真贯彻落实习近平总书记关于保障农民工工资支付系列重要指示批示精神，合力维护劳动者合法权益，最高人民检察院会同

中华全国总工会（以下简称全国总工会）共同发布《充分发挥行政检察监督职能助力根治欠薪典型案例》。近日，最高人民检察院、全国总工会相关部门负责人就这批典型案例的背景、特点以及维护劳动者合法权益举措等回答记者提问。

问：此次发布这批助力根治欠薪典型案例主要有哪些考虑？这批典型案例有哪些特点？

答：做好根治欠薪工作，维护广大劳动者合法权益，事关人民群众急难愁盼，事关社会和谐稳定。习近平总书记高度重视保障农民工工资支付工作，并多次作出重要指示批示。"全社会都要关心关爱农民工，要坚决杜绝拖欠、克扣农民工工资现象，切实保障农民工合法权益。"① 2023年12月，最高人民检察院党组会专门研究部署根治欠薪工作，就贯彻落实中央经济工作会议精神和党中央决策部署、立足检察职能维护农民工等劳动者群体的合法权益提出具体措施。2024年2月，最高人民检察院与全国总工会联合印发《关于协同推进运用"一函两书"制度保障劳动者权益工作的通知》，强化检察机关和工会协同保护劳动者合法权益，依法解决拖欠劳动者工资问题。同时，2024年最高人民检察院开展的"检护民生"专项行动中，也明确将"积极参与根治欠薪专项行动，加强对民事、行政审判和执行活动的法律监督，依法惩治恶意欠薪犯罪"列为重点工作。为落实根治欠薪专项行动，以及"一函两书"制度、"检护民生"专项行动等部署，发挥典型案例的示范、指导和引领作用，依法推进拖欠劳动者工资问题解决，我们筛选编写了《充分发挥行政检察监督职能助力根治欠薪典型案例》，一方面，供各地检察机关办理同类案件，携手工会做好根治欠薪工作，提供参考借鉴；另一方面，积极落实"谁执法，谁普法"要求，希望通过这些身边的案例让更多劳动者了解更多依法维权的途径与方式。

---

① 2013年2月3日，习近平在甘肃省东乡族自治县慰问农民工时作出的重要指示。

随着劳动者法律意识的增强和相关部门处置欠薪举措的落地，大部分劳动者可以顺利追回本来属于自己的劳动报酬，但实践中，还存在一部分因企业恶意逃避欠薪致使劳动者工资支付不到位、执行难等问题，往往这些情况涉及劳动者较多，欠薪金额较大。此次发布的4件典型案例突出检察机关在办理行政非诉执行监督案件中，强化监督质效，积极运用大数据监督模型、开展专项监督、建立长效机制等，发挥一体履职、综合履职、能动履职优势。工会及时排查发现农民工工资支付问题，强化与检察机关协同共治，切实保障农民工合法权益。例如，上海某餐饮公司劳动欠薪行政非诉执行检察监督案中涉及35名劳动者，因申请人身份及救济方式不同，检察机关组建跨部门联动办案团队，通过制发检察建议、支持起诉、督促相关单位向公安机关移送涉嫌拒不支付劳动报酬罪线索等形式，将35名劳动者的欠薪全部追回。针对办案发现的深层次社会治理问题，某区检察机关牵头行政执法机关、市场登记机关建立信息互通和工作衔接机制，与区总工会共同印发《关于区检察院与区总工会共同推进职工劳动权益保障协同工作机制框架协议》，形成治欠保薪工作合力。

问：近年来行政检察在保障劳动者合法权益方面采取了哪些举措？取得了哪些成效？2024年有什么打算？

答：习近平总书记指出："健全劳动法律法规，完善劳动关系协商协调机制，完善劳动者权益保障制度，加强灵活就业和新就业形态劳动者权益保障。"① 这为检察机关更好地保障新就业形态领域劳动者的正当权益，为其创造更好地就业环境指明了方向。近年来，检察机关认真贯彻落实习近平总书记重要指示和党的二十大关于劳动者权益保障的部署要求，充分发挥行政检察职能，高质效保护劳动者合法权益。一是以专项活动为抓手，促进劳动者权益保护。2022年，最高人民检察院在

① 2022年10月16日，习近平在党的二十大所作的报告。

全国检察机关部署开展“全面深化行政检察监督依法护航民生民利”专项活动，2023年又延长一年，聚焦重点民生领域和特定群体权益保护，解决群众最关心、最直接、最现实的利益问题，单独将就业领域作为其中一项监督重点领域，将农民工作为特定群体之一纳入合法权益维护重点范围。同时，最高人民检察院鼓励各地检察机关结合本地实际，围绕“依法保障劳动者合法权益”开展特色“小专项”，指导安徽、江西、海南、云南、甘肃、新疆等地区结合本地实际开展保障劳动者合法权益小专项活动，办理此类行政检察案件约2600件，为农民工讨薪2.3亿余元。二是加大行政检察监督力度，促进行政争议实质性化解，切实维护劳动者合法权益。检察机关充分发挥行政检察监督职能，聚焦劳动就业领域行政案件，加大监督力度，监督法院依法纠正错误裁判、依法及时执行，促进争议一揽子化解。2023年，检察机关共办理涉劳动就业、农民工合法权益保护3100余件。检察机关聚焦工程建设、餐饮服务、网络订单配送等容易侵害劳动者合法权益多发行业、领域，特别是注重新就业形态领域劳动者权益维护。某区检察院在办理某外卖骑手工伤认定案中，发现一些新招聘尚未参保、短期灵活用工如外卖骑手等新就业形态劳动者因客观原因有时难以获得充分社会保障支持，推动与区法院、司法局、人社局出台《关于在涉劳动关系检察工作中加强共同调处与协作支持的意见（试行）》，就如何实质化解争议、避免“程序空转”、加强治理堵漏等，促进更好维护劳动者合法权益达成共识，确保新业态劳动者的合法权益得到坚实保障。三是推动重点突出问题标本兼治。检察机关坚持个案监督与类案监督、专项治理相结合，发挥大数据作用，灵活运用检察建议、专题报告、白皮书等方式向有关部门和单位提出监督纠正、堵塞漏洞、建章立制的建议，促进同类突出问题的治理，起到“监督一案、治理一片”的监督效果。黑龙江省检察机关强化农民工权益保护，通过构建工程建设领域农民工工资支付大数据法律监督模型，已帮助61名农民工讨回薪酬48万余元，督促相关企业建立工资专款账户6件，涉及金额340余万元。2024年3月，最高人民检察院第七检察厅专门印发通知，推广该监督模型，指导各地检察机关结合本地实际用好模型，进一步提升监督质效，切实保障农民工安“薪”不忧“酬”。

2024年，我们将进一步结合“检护民生”专项行动实施方案的要求，在总结护航民生民利专项活动成功经验基础上，持续聚焦劳动就业领域特别是新就业形态领域，充分发挥行政检察职能，切实保护劳动者合法权益。一是加强对行政审判和执行活动的法律监督，推动依法惩治恶意欠薪行为；二是积极运用大数据监督模型，在抓好工程建设领域农民工工资支付大数据法律监督模型应用的基础上，推动各地结合实际积极向新就业形态等领域拓展，有针对性督促解决建筑业、服务业等领域欠薪多发问题；三是进一步指导各地开展劳动就业领域小专项活动，对企业恶意注销欠薪、法院执行不规范等情形，开展专项监督，建立长效机制，有力推进劳动者欠薪问题的源头治理。

问：全国总工会在推动贯彻执行劳动法律，保障劳动者权益方面开展了哪些工作？

答：一是全面强化工会劳动法律监督。全国总工会落实2024年“559”工作部署，全面实施涉工法律规定执行监督专项行动，并分别与最高人民法院、最高人民检察院联合印发会议纪要，对加强劳动者权益保障工作提出明确要求。2024年初，全国总工会对《工会劳动法律监督办法》进行修改并印发，拓展了劳动法律监督范围，规范监督流程，以“一函两书”为抓手，推动解决欠薪、违法安排超时加班等问题，切实维护好劳动者合法权益，推动构建和谐劳动关系。二是建立工会劳动法律监督“一函两书”工作协同协作机制。2024年初，全国总工会分别与最高人民检察院、最高人民法院联合印发关于协同推进运用“一函两书”制度保障劳动者权益工作的通知，召开全国工会推行劳动法律监督“一函两书”工作部署会，制发《全面推行工会劳动法律监督“一函两书”工作方案》，建立健全“一函两书”协同协作工作机制，推动解决劳动法律规定在基层落实不到位的问题。近期，上海、天津、湖北、江西等省（市）总工会先后与检察机关出台协同协作开展劳动法律监督的工作意见；贵州、云南等省总工会建立了工会与法院、检察院、人社等多部门协同联动机制，各级协同协作机制取得积极进展。三是运用多种手段推动解决突出问题。近年来，全国总工会指导地方各级工会积极探索，通过“商调裁诉援执”争议处理一体化机制为劳动者提供维权服务，对劳动者因欠薪、工伤等申请仲裁、提起诉讼的，工会依法给予支持和帮助。地方各级工会结合实际，不断创新，以“一函两书”为抓手，常态化开展劳动用工指导服务，建立劳动违法行为曝光和谴责、劳动违法信用信息登记等制度，形成工会劳动法律监督长效机制，推动解决欠薪等劳动违法突出问题，取得较好的成效，为贯彻执行劳动法律法规、维护职工合法权益发挥了积极作用。四是积极参与和推动立法。全国总工会聚焦新就业形态劳动者权益维护等重点工作，围绕工会劳动法律监督工作主责主业，持续推动和参与修改劳动领域法律法规和政策文件，指导地方工会积极推动劳动法律监督专项立法。截至目前，已有12个省（区、市）出台了《工会劳动法律监督条例》。

（来源：最高人民检察院官网）

国家知识产权局第三批知识产权行政保护指导案例及其解读

指导案例 9 号

北京市知识产权局处理“用于重新定位牙齿的系统及其制作方法”发明专利侵权纠纷案

［基本案情］

上海友某投资咨询有限公司（以下简称请求人）是名称为“用于重新定位牙齿的系统及其制作方法”（专利号：ZL201180028187.0）发明专利的专利权人。2022 年 11 月 1 日，请求人向北京市知识产权局提出专利侵权纠纷行政裁决请求，称被请求人北京瑞某医院管理有限公司、爱某（四川）医疗设备有限公司、北京瑞某医院管理有限公司瑞某口腔医院分公司涉嫌侵犯其专利权。经审查，北京市知识产权局于当日立案。

2023 年 1 月 11 日，针对被请求人爱某（四川）医疗设备有限公司对涉案专利权提出的无效宣告请求，国家知识产权局作出宣告专利权全部无效的决定。此时，行政裁决案件尚在审理中。

2023 年 2 月 1 日，北京市知识产权局作出裁定，在涉案专利权已被宣告全部无效的情况下，驳回请求人提出的行政裁决请求，同时指出：若有证据证明针对涉案专利权的无效宣告请求审查决定被生效的行政判决撤销的，请求人可以重新提起行政裁决请求；当事人如不服裁定，可自裁定之日起十五日内向北京知识产权法院提起诉讼。

※ 解读 ※

一、推选经过和指导意义

该案由北京市知识产权局向国家知识产权局报送。根据《国家知识产权局关于知识产权行政保护案例指导工作的规定》，经审核遴选、专家评审、案例指导工作委员会审议，该案例在对专利无效后行政裁决案件的处理方面具有指导意义，作为备选指导案例。2023 年 12 月，该案例经审议通过，作为第三批指导案例发布。

该案是对“先行裁驳，另行请求”审理模式相关规定的适用。在专利侵权纠纷行政裁决案件中，被请求人通常会针对涉案专利向国务院专利行政部门提起无效宣告请求。在无效审查决定作出后，案件还可能会进入行政诉讼程序，如果案件审理机关一律中止处理，等待专利权确权行政诉讼的结论，则会造成案件审理周期过长。

“先行裁驳，另行请求”的审理模式考虑了专利行政确权程序对专利权效力的确定，并同时保障了如果无效审查决定被撤销后的诉权。一方面，这种做法体现了行政裁决处理的高效性，有效地缩短了专利侵权纠纷的案件审理周期；另一方面，兼顾了公平与效率，维护了双方当事人的合法权利，保障了行政和司法标准的一致性，对于同类案件的审理具有较强的示范意义。

二、案件要点的解读与说明

在处理专利侵权纠纷行政裁决案件中，专利权被提出无效宣告请求后，面临周期长、专利权不稳定等问题，引入“先行裁驳，另行请求”的审理模式，解决了专利权不稳定给当事人及社会公众造成的影响，依法保障各方当事人的合法权利，维护正常的市场交易秩序，为良好的营商环境提供强有力的保障，实现了公平与效率。

（一）提升专利行政保护的高效性

专利侵权纠纷行政裁决作为通过行政途径解决纠纷的重要手段，具有专业性强、效率高、成本低等特点，有利于促成专利侵权纠纷的快速解决。专利法第六十五条规定，“未经专利权人许可，实施其专利，即侵犯其专利权，引起纠纷的，由当事人协商解决；不愿协商或者协商不成的，专利权人或者利害关系人可以向人民法院起诉，也可以请求管理专利工作的部门处理……”。行政裁决是专利行政保护的重要形式和重要内容，是符合我国国情的专利侵权纠纷解决途径。根据《专利侵权纠纷行政裁决办案指南》的有关规定，提出专利权无效宣告请求可以申请中止专利侵权纠纷处理，但是专利侵权纠纷案件长期处于中止程序对被请求人可能造成不利的影响。案件通过先行裁驳的方式审结案件，有效避免了长期中止导致审理周期过长的问题，实现了通过行政途径对专利侵权纠纷的高效处理。

（二）保障行政裁决和司法审判标准的一致性

国务院专利行政管理部门对专利进行授权确权，当事人对相关授权确权决定不服的可以通过司法途径寻求救济。“先行裁驳，另行请求”的处理方式与司法审判已有做法一致，实现侵权纠纷与确权程序的衔接，促进行政裁决和司法审判的良性互动，有利于统一行政和司法等审理标准。《最高人民法院关于审理侵犯专利权纠纷案件应用法律若干问题的解释（二）》第二条规定了“先行裁驳、另行起诉”的制度，“权利人在专利侵权诉讼中主张的权利要求被国务院专利行政部门宣告无效的，审理侵犯专利权纠纷案件的人民法院可以裁定驳回权利人基于该无效权利要求的起诉。有证据证明宣告上述权利要求无效的决定被生效的行政判决撤销的，权利人可以另行起诉。……”在司法保护体系下，在国务院专利行政部门作出宣告专利权无效的决定后，审理侵犯专利权纠纷案件的法院便可以裁定驳回起诉，无须等待专利无效案件行政诉讼的最终结果，并通过另行起诉的方式给予专利权人司法救济途径。

该案中，根据专利法关于无效条款的规定，参照最高人民法院相关司法解释，明确了相关专利被宣告无效后，在专利侵权纠纷行政裁决处理时，同样可以直接裁定驳回。上述做法既能提升行政裁决办案效率，也能体现专利行政保护和司法保护标准的一致性。

（三）实现专利侵权纠纷案件处理的公平与效率

专利制度的目的在于保护专利权人的合法权益，提高创新能力，促进科学技术进步和经济社会发展。一方面，案件中虽然因涉案专利权被无效，但若有证据证明宣告专利权无效的决定被生效的行政诉讼判决撤销，专利权人可以另行请求行政裁决，其合法权益仍然可以得到有效维护；另一方面，若在专利权状态不稳定的情况下确认落入专利权利保护范围，则很有可能损害市场竞争主体的权益。

该案实践中，行政裁决决定虽然驳回了请求人的请求，但也明确告知如果涉案专利权依法恢复，权利人仍可以重新提起行政裁决程序。对于请求人而言，基于涉案专利的侵权纠纷停止处理，可以集中力量解决涉及专利效力的行政诉讼案件，如果宣告无效的决定被撤销，可以再次提出维权请求。对于被请求人而言，被诉侵权案件的先行解决，无须继续消耗大量的时间和金钱成本，可以进行正常的市场竞争行为。此审理模式既初步解决了由于专利确权程序产生的案件周期长问题，又保障了权利人的后续诉权，实现了纠纷处理的公平和效率。

指导案例 10 号

重庆市渝中区市场监督管理局（知识产权局）查处侵犯“洞子”等注册商标专用权案

［基本案情］

王某某是“”商标（注册号：3278749）及“洞子”商标（注册号：18634764）的商标注册人，涉案注册商标专用权在投诉时合法有效。

2022 年 8 月，王某某向重庆市渝中区市场监督管理局（知识产权局）（以下简称渝中区局）投诉，称重庆洞某鲜老火锅有限公司（以下简称当事人）在店铺招牌上使用“”标识，所用点菜单及员工围裙上印制有“洞子”字样，涉嫌侵犯其在第 43 类“餐厅”等服务上的“”“洞子”注册商标。2022 年 8 月 11 日，渝中区局予以立案调查。案件查办过程中，权利人同时向渝中区局请求对商标侵权纠纷以及相关赔偿数额争议进行调解。

2022 年 9 月 6 日，渝中区局组织双方调解，经双方达成一致，出具调解书，当事人停止在餐饮服务活动中使用涉案商标、赔偿商标注册人 1 万元。

2022 年 10 月 21 日，渝中区局认定：当事人未经许可在服务中使用他人注册商标，构成《中华人民共和国商标法》第五十七条第一项规定的侵权行为；当事人在案件查办过程中，主动停止使用涉案商标，主动履行调解协议列明的义务，符合《中华人民共和国行政处罚法》第三十二条第一项规定的“主动消除或者减轻违法行为危害后果的”情形。渝中区局在适用《中华人民共和国商标法》第六十条第二款的规定对当事人的商标侵权行为进行行政处罚时，依法予以从轻处罚，责令当事人停止侵权行为，罚款3000元。

※ 解读 ※

一、推选经过和指导意义

该案由重庆市知识产权局向国家知识产权局报送。根据《国家知识产权局关于知识产权行政保护案例指导工作的规定》，经审核遴选、专家评审、案例指导工作委员会审议，该案例在处理商标侵权纠纷过程中，监管部门综合运用行政处罚和行政调解强化知识产权行政保护，对查办侵犯注册商标专用权案具有指导意义，作为备选指导案例。2023年12月，该案例经审议通过，作为第三批指导案例发布。

该指导案例采取了行政执法案件查办和民事纠纷行政调解并行的解决机制，既有力震慑违法行为、维护了消费者权益、规范市场经营秩序，又满足注册商标权利人及时制止侵权行为并获得侵权赔偿的双重诉求，保护了权利人合法权利。执法人员将行政调解中的主动停止侵权行为、赔偿金额作为行政处罚数额的考量因素，认定纠纷调解成果是当事人主动消除或者减轻违法行为危害后果的情形，也是对行政处罚案件精准裁量的体现。

二、案件要点的解读与说明

该案中，通过行政查处与行政调解联动，即保护了商标权人的合法权益，也维护了消费者权益和社会公共利益。同时，行政查处与行政调解中，充分考虑了所达成行政调解协议的内容，将停止侵权和赔偿具体金额作为行政处罚裁量幅度和具体处罚金额的参考依据。

（一）案件处理应当兼顾对商标私权和公共利益的保护

商标兼具私权属性和公共属性。《中华人民共和国民法典》第一百二十三条规定了民事主体依法享有知识产权，知识产权是权利人依法对各类知识产权客体享有的专有权利。《中华人民共和国商标法》第三条第一款规定："经商标局核准注册的商标为注册商标……；商标注册人享有商标专用权，受法律保护"；第四十二条第一款规定："转让注册商标的，转让人和受让人应当签订转让协议，并共同向商标局提出申请……"；第四十三条第一款规定："商标注册人可以通过签订商标使用许可合同，许可他人使用其注册商标……"。上述条款都将商标权或商标的可被注册、转让、许可界定为民事法律关系的客体，充分体现了其作为财产权的私权属性。而商标在使用中可以区分商品或服务来源，当其被投入市场使用之后会产生区别于原始私权利的附加公共属性，其中与消费者知情权相关的属性就是一种典型的公共属性。商标中凝结的品牌价值和商誉通过直观的商标进行交流展示，消费者对商品和服务的知悉程度和认同水平都会反映在对商标的认知上，直接选择商标来选择商品或服务，这是商标公共属性的具体表现。其公共属性也在《中华人民共和国商标法》第一条和第七条中关于"保障消费者利益、防止消费者被欺诈"的规定和第十三条、第四十二条、第五十七条中关于"容易导致混淆"的规定中体现。商标的双重属性意味着执法部门既需要保护商标权利人的专用权，也需要兼顾社会公众涉及商标的公共利益，综合运用行政调解和行政查处提高商标行政保护水平。

根据《中华人民共和国商标法》第六十条的规定，行政机关作为法定的商标侵权纠纷处理部门，对侵权行为实施行政查处同时，也有开展行政调解的职权。行政执法案件查办在有力打击侵权行为、规范市场经营行为的同时，通过行政调解也可以有效解决权利人民事诉求，维护权利人的合法权益。为提高知识产权行政保护水平，对于案件事实较清楚、危害后果较轻微、当事人调解意愿较强的侵权纠纷，应当充分考虑行政查处和行政调解的合理并行，避免"一罚了之"或"以调代罚"。

（二）行政处罚裁量应当考虑行政调解结果

商标权在使用过程中会产生公共属性，但私权属性是其基本属性。按照注册制度，商标经注册后，权利人就拥有该商标的专用权，而行政调解中达成的赔偿等协议就是对权利人商标权被侵犯的民事纠纷的回应和解决。《中华人民共和国行政处罚法》第三十二条规定：“当事人有下列情形之一，应当从轻或者减轻行政处罚：（一）主动消除或者减轻违法行为危害后果的；……”该案中，基于注册商标的私权属性考虑，针对侵犯注册商标专用权的违法行为依据《中华人民共和国商标法》第六十条第二款进行处罚时，将侵权行为得到注册商标权利人谅解，且相关当事人系初犯作为违法行为危害后果来考量，认定上述情形是减轻和从轻的裁量因素。同时，侵权人履行的民事赔偿责任和承担的行政违法责任均是针对同一侵权事实，所以也存在一定性质的重合，将二者剥离开来看显然有失公正，调解结果的合理运用有助于化解投诉举报人和被投诉举报人的对立情绪。

实践中，执法人员充分考虑纠纷调解成果，将行政调解中的赔偿、停止侵权等行为和赔偿具体金额作为行政处罚裁量幅度和具体处罚金额的参考依据之一，认定纠纷调解成果是当事人主动消除或者减轻违法行为危害后果的体现，作出了减轻的行政处罚，既坚持了执法的严谨性，也解决了行政处罚和行政调解的平衡性问题。

指导案例 11 号

天津市和平区市场监督管理局查处天津市麦某商业管理有限公司麦某休闲广场商标侵权案理解与适用

［基本案情］

天津市麦某商业管理有限公司麦某休闲广场（以下简称麦某广场）是经营化妆品、服装、饰品、餐饮、娱乐等的大型商业综合体。2020年7月16日，天津市和平区市场监督管理局（知识产权局）（以下简称和平区局）接到举报，称麦某广场内商户销售假冒商品，执法人员对涉案商户予以查处，要求麦某广场落实主体责任。2020 年 7 月至 2021 年 4 月，和平区局对麦某广场内相关 18 个商户作出 18 次行政处罚。在对涉案商户进行查处的同时，对麦某广场也进行约谈。在执法人员两次约谈告知后，麦某广场明知或者应知市场内经营者实施商标侵权行为，仍未采取必要措施进行制止。

2021 年 4 月 7 日，和平区局对麦某广场予以立案调查。经查，发现麦某广场在日常经营活动时，因管理不到位，未尽到巡查与监控的责任，未采取必要措施阻止市场内商户侵犯注册商标专用权行为。2021 年 5 月 21 日，和平区局依据《中华人民共和国商标法》第五十七条第六项和《中华人民共和国商标法实施条例》第七十五条规定，参照《商标侵权判断标准》相关规定，认定麦某广场的行为构成商标侵权行为，并依据《中华人民共和国商标法》第六十条第二款，对当事人作出罚款四万元的行政处罚。

※ 解读 ※

一、推选经过和指导意义

该案由天津市知识产权局向国家知识产权局报送。根据《国家知识产权局关于知识产权行政保护案例指导工作的规定》，经审核遴选、专家评审、案例指导工作委员会审议，该案例在处理侵犯注册商标专用权案件过程中，对市场主办方为商标侵权行为提供便利条件的认定具有指导意义，可作为备选指导案例。2023 年 12 月，该案例经审议通过，作为第三批指导案例发布。

该案是一起因市场主办方在经执法部门通知后，怠于履行管理职责，明知市场内经营者实施商标侵权行为，未采取必要措施制止侵权行为发生，其主观上具有故意，客观上为侵权行为提供了便利条件的指导性案件。该案中，市场主办方在两次被约谈后，未采取任何必要措施，结果上与直接侵权人实施的商标侵权行为所导致的损害结果具有统一性，其行为最终被认定为具有帮助侵权的故意，构成《中华人民共和国商标法》第五十七条第六项规定的侵权行为。

二、案件要点的解读与说明

市场主办方的行为是否构成故意为侵犯他人商标专用权行为提供便利条件，帮助他人实施侵犯商标专用权行为，应当注意把握以下因素：一是在市场内的经营者是否存在侵犯注册商标专用权的行为，即直接侵权行为；二是市场主办方是否知道或应当知道经营者交易中侵犯了他人商标权；三是市场主办方是否采取了必要措施，例如，是否尽到了合理的审查义务，在和销售者签订的合同中是否加入有关知识产权保护的内容，要求销售者提供销售商品的商标注册证或者商标所有人授权证明文件，在发现侵权行为后是否主动报告相关监管部门，等等。

（一）对于直接侵权行为的认定

涉案市场主办方位于天津市和平区滨江道核心商业区，当事人怠于履行管理义务的行为，事实上给商标侵权留下了空间，不仅严重侵害消费者的合法权益，也扰乱了公平竞争的市场秩序。2020年至2021年，和平区局对市场主办方经营场所进行检查，在当事人管理的广场内多次发现商户销售假冒商品，并曾连续提示市场主办方和相关经营者在其经营场所内不得销售侵权假冒商品。

《中华人民共和国商标法》第五十七条第六项规定，故意为侵犯他人商标专用权行为提供便利条件，帮助他人实施侵犯商标专用权行为的，属于侵犯注册商标专用权行为。上述行为属于一种间接侵权行为，其成立的前提是存在直接侵权行为，且直接侵权行为经查证属实。一旦直接侵权行为不成立，该间接侵权行为亦不成立。该案中，在2020年

7 月至 2021 年 4 月期间，和平区局针对商标侵权行为对麦某广场内 18 个商户作出 18 次行政处罚。多个商户销售侵犯注册商标专用权的行为已经立案调查终结，均认定直接侵权行为成立。

（二）对于市场主办方明知或应知的认定

《中华人民共和国商标法实施条例》第七十五条进一步规定："为侵犯他人商标专用权提供仓储、运输、邮寄、印制、隐匿、经营场所、网络商品交易平台等，属于商标法第五十七条第六项规定的提供便利条件"。办案机关认为上述行为的认定包括三个方面的情形。

第一，市场经营单位在收取商户的商品来源证明文件并建立商户经营商品商标档案过程中，发现商户未取得相关授权，市场经营主体未及时登记，也未向市场监管部门报告。

第二，市场经营单位在收到权利人关于商户销售侵犯其注册商标专用权商品的通知及相关材料后，或者在收到市场监管部门的告知后，未采取任何有效措施。

第三，市场内商户曾因为实施商标侵权行为被行政处罚，侵权行为仍然反复发生。

当事人具备上述情形的，可以根据案件具体情况综合判断，认定为主观上具有帮助商标侵权的故意。案件中，涉案商标均具有较高知名度，市场内销售了上述未经商标权利人授权的相关产品，且已被行政机关多次处罚。同时，案件查办过程中，和平区局分别于 2020 年 7 月 20 日和 2021 年 1 月 13 日约谈当事人被委托人，告知其市场内相关商户的侵犯注册商标专用权行为，要求其履行管理职责，落实主体责任。根据上述事实，办案机关认定市场主办方明知或应知有关侵权行为，具有故意为侵犯他人商标专用权提供便利条件，帮助他人实施侵犯商标专用权的行为。

（三）市场主办方怠于履行市场管理义务的认定

国家知识产权局制定印发的《商标侵权判断标准》第三十条规定：

"市场主办方、展会主办方、柜台出租人、电子商务平台等经营者怠于履行管理职责，明知或者应知市场内经营者、参展方、柜台承租人、平台内电子商务经营者实施商标侵权行为而不予制止的；或者虽然不知情，但经商标执法相关部门通知或者商标权利人持生效的行政、司法文书告知后，仍未采取必要措施制止商标侵权行为的，属于商标法第五十七条第六项规定的商标侵权行为。"

该案中，办案机关调查发现，市场主办方虽然与经营商户签订租赁合同，在合同中写明违反法律法规会解除合同，但在日常审查时，管理不到位，仍有商户销售侵权假冒商品，未尽到巡查与监督的责任。同时，在和平区局对其进行约谈后，明确告知其管理的市场内相关商户存在侵犯注册商标专用权的行为，市场主办方未采取必要措施制止商标侵权行为，怠于履行市场管理义务，该行为属于《中华人民共和国商标法》第五十七条第六项规定的商标侵权行为。

在市场管理中，市场主办方应当依据商标有关法律法规的规定，积极引导商户在品牌授权、进货渠道等方面合法合规，督促商户严把进货关，不经营侵权假冒商品；同时，积极协助行政执法机关将"假名牌""傍名牌"商品清退出市场，引进适销对路的正牌商品，提高自身市场的竞争力和商业信誉。

司法实务问题研究

论违法建筑物强制拆除的程序竞合及其控制

——以行政强制法第四十四条为中心

殷　勤*

一、问题的提出

现代行政控制的趋势是日益强调一种程序的竞争控制技术，即通过行政程序的结构性调整，当事人成为行政权行使过程的参与者和竞争者，构造一个“公权—私权”的竞争和作用架构，行政过程成为一个信息分享、知识交流、利益竞争、相互制约的过程，实现行政权行使的理性化。行政强制法第四十四条将程序性控制技术上升为实定法规范，规定：“对违法的建筑物、构筑物、设施等需要强制拆除的，应当由行政机关予以公告，限期当事人自行拆除。当事人在法定期限内不申请行政复议或者提起行政诉讼，又不拆除的，行政机关可以依法强制拆除。”

该条突破了诉讼不停止执行的实体法公定力准则，而以非经诉讼不得执行为准则，对行政机关实施违法建筑拆除设立了更高的程序门槛。违法建筑的认定和拆除是典型的多阶段行政程序，包括城乡规划法上的

* 作者单位：江苏省南通市中级人民法院研究室。

违法建筑认定和行政强制法上的违法建筑拆除两个程序阶段，程序阶段内部又有各自具体的程序规则和程序性法律行为。将行政决定与决定的强制执行看作一个整体，将行政决定发生终局性法律效力视为执行的前提，而借助于行政复议和行政诉讼，当事人得以与执法者对行政决定的合法性进行理论论辩，通过两造对立和竞争制约达到某种反思性整合，实现行政权行使的理性化。

然而，有效的法与法的有效性并不是一回事，美好的立法愿景虽然指涉一种有效的法，却不保证在现实中是圆满有效的。法条对“何者发生法律效力方可实施执行”语焉不详，给执法和司法实践带来困扰，法条本身的可预期性和可执行性亦受到影响。① 例如，在海南裕某祥农业开发有限公司诉海南省海口市秀英区人民政府行政强制一案中，再审裁定认为：“行政机关在作出行政决定后，需经过催告等程序，如当事人仍不履行行政决定的，行政机关才可以作出强制执行决定。强制执行决定作出后，若当事人在法定期限内不申请行政复议或者提起行政诉讼，才可以强制拆除。”② 但在陈某诉贵州省大方县人民政府、贵州省大方县综合行政执法局行政强制一案中，再审判决认为：“原大方县城乡规划局就房屋 1、房屋 2 分别对陈某作出了行政处罚决定，原大方县城乡规划局应当等待陈某对该处罚决定提起行政复议或行政诉讼的期限届满之后才能进行强制拆除。对于房屋 1，原大方县城乡规划局于 2012 年 11 月 26 日作出行政处罚决定，于 2017 年 6 月 6 日作出强制执行决定并于 2017 年 6 月 30 日实施强制拆除时，陈某对该行政处罚决定提起行政复议或行政诉讼的期限均已届满，故原大方县城乡规划局强制拆除房屋 1 的行为符合法律规定。”③

---

① 参见于立深：《〈行政强制法〉实施中若干争议问题的评析》，载《浙江社会科学》2012 年第 7 期。

② 参见最高人民法院（2020）最高法行申 8741 号行政裁定书。

③ 参见最高人民法院（2020）最高法行再 305 号行政判决书。

当正当程序原则落实为实定法上的程序规则后，后者就成为行政执法和司法裁判理由的程序入口，但实定法程序规则的语义模糊，又给行政执法和司法裁判带来困难，因而需要寻找新的程序出口。就行政强制法第四十四条规定而言，立法者意在引入正当程序原则重构违法建筑拆除法律制度，但实践产生了对程序入口的疑问。上述两个案例中，对究竟是认定构成违法建筑的行政行为生效即可实施强制拆除，还是除此以外再加上强制执行决定也生效才可以实施强制拆除，形成了两种裁判观点及其背后的知识对垒，表现为程序入口的程序竞合。“与法定程序偏重成文化的形式外观不同，正当程序原则更偏重价值和内涵要素。”① 现代行政不仅仅是法律的传送带，也要从过程中产生意义。程序的竞争控制模式可以使行政权不再封闭，而成为行政机关与行政相对人信息分享、知识交流、利益竞争、相互制约的过程，② 但若为设立程序而设立程序，效果难免不尽如人意。从实践来看，穷尽包括对强制执行决定在内的所有行政行为的救济后再执行，由于行政执法成本过高、行政相对人守法成本过低，会诱使行政机关作出违法强制拆除的逆向选择。有鉴于此，本文尝试在“法解释—法适用”框架内，对行政强制法第四十四条的解释和适用提出分析论证观点。首先，讨论该条内部的体系结构和语词含义；其次，分析评价单生效和双生效两种观点不同的法律适用后果；最后，分析论证城乡规划法和行政强制法有关违法建设行为认定和违法建筑物拆除的程序规范体系。本文经论证获得的主要结论是，将具体创设权利义务关系的限期拆除决定的救济期限届满作为强制执行程序的开始，能够兼顾规制目标实现和当事人合法权益保障，不失为较好的平衡解决方案。

---

① 蒋红珍：《正当程序原则司法适用的正当性：回归规范立场》，载《中国法学》2019 年第 3 期。

② 参见王锡锌：《行政自由裁量权控制的四个模型——兼论中国行政自由裁量权控制模式的选择》，载《北大法律评论》2009 年第 2 期。

二、行政强制法第四十四条的空缺结构与语义逻辑

对行政强制法第四十四条规定的分歧意见，集中在对该条“不申请行政复议或者提起行政诉讼”所指向行政行为的不同理解。持单生效的观点认为，该条是指对限期拆除决定不申请行政复议或者提起行政诉讼；持双生效的观点则认为，该条是指对限期拆除决定和强制执行决定均不申请行政复议或者提起行政诉讼。前者意味着该条的语义射程仅及于限期拆除决定，后者则将其射程进一步扩大到强制执行决定。“任何语句都是语言的组织体，在这一组织体中一个个的词素被联结起来……法条也是词素与词素的联结结合。”“任何文本的解释都始于对文字文义的解释。”① 对上述不同理解，可以从法条内部的逻辑结构和语词含义的相互联系入手加以分析。

（一）法条结构

细酌法条可以发现，行政强制法第四十四条包含前后两句条文规定。前句规定了行政机关实施强制拆除前的公告限期自行拆除程序，属完整法条。但前句有关“需要强制拆除的”规定，带有转介条款的意味，而这一转介实属必要，由此关联强制拆除的基础法律行为。具体来说，行政机关需转介城乡规划法的规定，获得“需要强制拆除的”具体条件并据此作出判断。城乡规划法第四十条第一款将“违法的建筑物、构筑物”界定为“未申请办理建设工程规划许可证”，第六十四条、第六十五条则将“限期拆除”的前提界定为“无法采取改正措施消除影响的”，第六十八条规定：“……建设工程所在地县级以上地方人民政府可以责成有关部门采取查封施工现场、强制拆除等措施”。“限期拆除”与“限期当事人自行拆除”语义一致，可见，行政强制法第

① ［德］卡尔·拉伦茨：《法学方法论》，黄家镇译，商务印书馆 2020 年版，第 321、403 页。

四十四条前句中的“限期当事人自行拆除”，系沿袭和援引了城乡规划法“限期拆除”的规定，两法保持一致。

行政强制法第四十四条后句规定了当事人未自行拆除的强制拆除程序，属于不完整法条。其不完整之处在于，其有关“当事人在法定期限内不申请行政复议或者提起行政诉讼，又不拆除的，行政机关可以依法强制拆除”的规定，没有明确指出不申请行政复议或者提起行政诉讼的对象，即后句中的对象阙如。这意味着，对后句的理解需指示参照另一条文获得，指示参照规定对后句的适用具有限定作用。① 由于前句、后句共同组成一个条文，规定的是一个行为模式及其法律后果，语义逻辑相关且统一，因此，在前句明确援引城乡规划法“限期拆除”的法律概念、法律行为时，在形式上就可以将后句所省略的语词也解释为限期拆除，即“当事人在法定期限内对限期拆除决定不申请行政复议或者提起行政诉讼，又不拆除的，行政机关可以依法强制拆除”。从立法技术的角度来看，为了使法条更为紧凑和简约，后句也可以对与前句表述重复的概念加以省略。当然，这只是从形式合理性的角度作出的理解，至于是否符合实质合理性，以及多元解释立场是否更为妥当，② 仍需引入其他的解释方法加以检验和证立。

（二）多阶段行政程序

区别于单一的行政行为或者作出行政行为的多个步骤，行政机关对违法建设行为的认定和对违法建筑物实施拆除，则属于多阶段行政程序，其中，包含多个相互牵连但又独立的行政行为。③ 由此，产生前阶段行为与后阶段行为相互关系的认识和把握问题。

---

① 参见［德］卡尔·拉伦茨：《法学方法论》，黄家镇译，商务印书馆2020年版，第331页。

② 参见刘星：《多元法条主义》，载《法制与社会发展》2015年第1期。

③ 参见徐键：《论多阶段行政行为中前阶段行为的可诉性——基于典型案例的研究》，载《行政法学研究》2017年第3期。

理论上，作为前续行政行为的限期拆除决定是认定行政相对人存在违法建设行为以及需负担限期拆除建筑物这一法律后果的法律行为。只在行政相对人未按照限期拆除决定的要求，在期限内履行拆除义务时，行政机关才需要作出强制执行决定，以告知相对人将通过诉诸强制的方式，实现限期拆除决定的规制目的。这意味着，行政强制执行决定作为后续行政行为，并不对行为人设定限期拆除的法律负担，其只是作出行政强制执行这一事实行为的名义行为，行政机关一旦实施强制执行，只因在事实上对当事人的权益造成了不利影响，而成为可诉的事实行为。行政强制法第三十七条第二款规定在行政强制执行决定中需载明“申请行政复议或者提起行政诉讼的途径和期限”，并不是由于行政强制执行决定创设了新的权利义务关系，而是基于强制执行的强制性和不可逆性，立法体现了对当事人倾斜保护的更为审慎的立场，给予法院特别的司法审查权，目的则在于判断这一行为是否逾越前续限期拆除决定所设定的权利义务范围，同时基于违法性继承理论，法院在对强制执行决定进行合法审查时，需延伸审查限期拆除决定本身是否存在重大且明显违法情形。①

因此，如果限期拆除决定因救济期限届满或者经人民法院确认合法而具备实质存续力，那么，相对人限期拆除建筑物的负担就是确定的，此时并无法通过对强制执行决定的合法性审查，否定限期拆除决定所确定的权利义务关系。而在行政机关实施强制执行时扩大执行范围或者违法采取措施时，通过对具体实施的强制拆除行为的审查和行政赔偿，相对人获得救济则更为适当，但难以通过对作为执行名义的强制执行决定的合法性审查解决纠纷。因此，从设定公法上权利义务关系的原因行为

① 例如，《最高人民法院关于适用〈中华人民共和国行政诉讼法〉的解释》第一百六十一条第一款规定：“被申请执行的行政行为有下列情形之一的，人民法院应当裁定不准予执行：（一）实施主体不具有行政主体资格的；（二）明显缺乏事实根据的；（三）明显缺乏法律、法规依据的；（四）其他明显违法并损害被执行人合法权益的情形。”

这一角度审视，“不申请行政复议或者提起行政诉讼”所指向的也应当是行政机关作出的限期拆除决定，而非行政机关为执行和依据限期拆除决定作出的强制执行决定。

三、违法建筑物拆除行政程序的功能性解释

法的有效性可以有教义学和社会学两种不同的理解维度，前者关注法的形式合理和内容正当，后者则关注法律实施的实际效果。[①] 行政机关作为理性人，在作出行政行为时必然会考虑执法的成本和收益问题，进而会影响执法方式的选择和法律实施的有效性。对上述讨论的单生效和双生效两种法律适用观点，有必要从法的社会有效性角度作进一步分析。

（一）两种分歧意见的法律适用后果

“司法裁判后果取向解释体现为法官基于预期的合理社会效果推导法律解释结论，这一方法有利于发挥社会后果的合理导向功能。”[②] 违法建筑物强制拆除的程序机制，主要包括违法建设行为认定程序和违法建筑物强制拆除程序。单生效的观点将等待行政复议、诉讼期限届满的期间从限期拆除决定生效的时点向后截断，在后的强制拆除程序包括催告、责成强拆、作出强制执行决定、公告的期间均不计算在内。持双生效的观点将强制执行决定生效前的行政程序所经过的期间，包括行政行为的行政复议、诉讼期间均作为实施强制拆除前必须经过的期间。对比可以发现，单生效的行政执法时间成本更少，双生效则易于诱使行政相对人对所有经过的行政环节均提起行政诉讼，以及对一审判决结果不服

① 参见郑永流：《法的有效性与有效的法——分析框架的建构和经验实证的描述》，载《法制与社会发展》2002 年第 2 期。

② 戴津伟：《司法裁判后果取向解释的方法论应用》，载《法学》2020 年第 7 期。

的上诉审和之后的申请再审。假设行政机关作出的所有行政行为均为合法，那么，其执行法律的时间成本不仅比单生效要更长，甚至比双生效观点论者所预想的期间要更长。

如果遵守法律能够为行政主体带来较多的利益，行政主体一般倾向于守法；如果守法并没有为行政主体带来较多利益，而同时违法收益又非常高、成本比较小，那么，行政主体就很可能选择违法。[①] 双生效不仅意味着行政执法的时间成本更为高昂，而且由于法律规定的强制拆除程序本身较为复杂，对于行政机关来说，即便经过漫长等待后实施拆除，也不能确保行政行为就一定会被认定为合法。程序的不确定性与执法时间的过于延宕，会使执法成本大幅增加，执法收益的边际效益递减。相反，未经过必要的行政程序，较之未经过必要的等待期间，其违法性评价并不会更重，这会诱使基层执法者选择牺牲正当程序，直接追求强制拆违的结果利益。实践中，大量强制拆违行为未经必要行政程序即宣告实施，反映出当执法者认为法律规定过于严苛时，往往会逆向选择这一立法者所不欲的法律适用后果。

（二）立法目的回溯、平衡与检验

行政强制法第四十四条突破了行政救济不停止执行的行政法传统，属于对私权保障的特别程序规定。但是，城乡规划法和行政强制法的立法目的是一致的，即除了保障行政相对人合法权益以外，还要确保行政权的合法有效运行以及时维护公共利益，如市容市貌的迅速还原、国土空间资源的立即恢复、违法建筑安全隐患的快速消除等。因此，执行行政强制法第四十四条，仍需兼顾行政规制目标的达成、公共利益的维护和行政相对人合法权益的保障等多重立法目的。考虑到公共利益的维护

---

① 参见王青斌、赖普徽：《违法建设强制拆除机制的困境与出路——兼论〈行政强制法〉第44条的修改》，载《江苏行政学院学报》2018 年第 2 期。

不至于因行政程序过分拖延而丧失怠尽，对行政救济不停止执行的突破，仍需保持必要限度，以使法律适用更具有弹性。具体而言，如果行政机关作出限期拆除决定后立即付诸执行，考虑拆除房屋法律后果的不可回转性，不利于体现对相对人合法权益的有效保障；反之，如果行政机关需等待相对人穷尽包括对强制执行决定在内所有环节行政行为的救济之后执行，因迁延日久，也不利于体现对违法行为查处和公共利益恢复的及时性，并有损行政权威；而将具体创设权利义务关系的限期拆除决定的救济期限届满，作为强制执行程序的开始，则能够兼顾依法及时履职、公共利益维护和相对人权益保障三方面价值，不失为较好的平衡解决方案。

将行政救济不停止执行的范围仅限定为对限期拆除决定的救济上，一方面，通过严格遵循城乡规划法作出适法的行政处理行为，避免侵犯行政相对人的合法财产权益；另一方面，通过严格遵守强制执行程序规范，防止逾越行政处理范围和必要限度实施行政强制，并减少冲突和对抗以及由此引发的损失和成本的扩大。在尊重产权的法政策背景下，有序突破行政救济不停止执行规则，等待有权机关对限期拆除决定的合法性作出裁断后再执行之，在程序上是适当的，也体现了行政行为公定力从实体法公定力到程序法公定力的理论转向。① 基于规制的有效性，在限期拆除决定救济期限届满或合法性被确认后，对限期拆除决定所涉公共利益的实现就应体现及时性。将对限期拆除决定的执行期限进一步延长至作为程序性控制机制的强制执行决定行为的救济期限届满，不仅让整个社会负担更高的公共利益恢复成本，还会鼓励行政相对人通过提起更多诉讼，而不是主动执行已经生效或者经确认合法的行政处理决定，增加了更多的执法和守法成本。

① 参见王贵松：《论行政行为的违法性继承》，载《中国法学》2015 年第 3 期。

四、城乡规划法与行政强制法的体系整合

行政行为的每一个具体步骤都包含程序问题，它与行政过程相关，是行政决定理性化和正当化机制的体现。[①] 虽然对违法建设行为的认定和处理主要由城乡规划法规定，对建筑物的强制拆除主要由行政强制法规定，但两法规定却非泾渭分明，而是对相应问题交叉作出了规定，这在一定程度上增加了法律适用的困难。总体上，在严格的程序要求下，程序性控制机制的适用应当体现公共利益与个人利益、程序公正与行政效率的动态平衡。

（一）责成强制拆除程序的适用位序

城乡规划法有关违法建设行为的法律责任集中体现在第六十四条和第六十五条，从上下文来看，城乡规划法没有对违法建设行为查处的法律程序作出规定，可以认为立法者将其完全委诸正当法律原则以及行政处罚法上的各项程序性控制规则，但在第六十八条对执行第六十四条和第六十五条规定的限期拆除决定行为设定了程序规则，即“城乡规划主管部门作出责令停止建设或者限期拆除的决定后，当事人不停止建设或者逾期不拆除的，建设工程所在地县级以上地方人民政府可以责成有关部门采取查封施工现场、强制拆除等措施”。

一方面，该条赋予了被地方人民政府责成实施强制拆除的有关部门强制执行权，即对于限期拆除决定的执行，依法属于行政机关自主执行事项，无须另由人民法院强制执行；另一方面，为了保障执行限期拆除的正当性，城乡规划法通过设立行政机关内部的责成强拆程序，实质上将应否限期拆除的审查决定权赋予县级以上地方人民政府，而非由原作出限期拆除决定的行政主体自行视情执行。

① 参见何海波：《行政诉讼法》，法律出版社2022年版，第354页。

但是，对责成强制拆除程序在体系中如何归入行政强制法上的强制执行程序，两法都没有规定。如果仅从行政强制法第三十七条第一款“经催告，当事人逾期仍不履行行政决定，且无正当理由的，行政机关可以作出强制执行决定”的文义来看，催告履行义务是行政机关作出强制执行决定的前置程序，似乎责成强制拆除应当在催告程序之前完成，但显然，如果经催告后相对人主动履行改正义务，则责成强制拆除的程序亦无必要。此处需要关注的是，责成强制拆除并不是认定建设行为是否合法的法律行为，而是在相对人在期限内不履行义务时，不得不进入强制执行程序的行政机关内部控制程序，即该程序的启动是以相对人不依法及时履行义务为前提的。因此，无论从法理还是效率上考虑，都应当把催告程序置于责成强制拆除程序之前。

（二）代履行程序的适用范围

行政强制法第五十条、第五十一条、第五十二条还规定了针对当事人不主动履行排除妨碍、恢复原状等义务时行政机关的代为履行制度。但是，代履行程序的主要功能在于避免强制手段的使用，实现行政管理目的，恢复行政管理秩序，① 属于间接、缓和的行政强制执行方式，与强制拆除行为所具有的直接性、强制性、对抗性，存在明显区别。同时，行政强制法对代履行程序的适用范围也有明确限定，即只适用于交通安全、环境污染防治和自然资源保护三个行政管理领域，而不包括城乡规划许可领域。虽然自然资源与城乡规划在行政管理对象上存在交叉，② 但考虑强制拆除行为的不可回转性，房屋一旦被实施拆除，就可

① 参见全国人大常委会法制工作委员会行政法室编著：《中华人民共和国行政强制法解读》，中国法制出版社2011年版，第165页。

② 有观点认为，对自然资源的保护包含查处违法占用土地等自然资源建设的情形，行政机关作出行政决定课予当事人限期拆除义务，当事人逾期不履行的，可以适用代履行。参见吴庚：《行政法之理论与实用》，中国人民大学出版社2005年版，第328~329页。

能对基本权利构成重大不利影响，需要规定更为严格的程序，赋予当事人更多防御权，甚至不惜突破行政行为不停止执行规则，以保障强制行为本身的合法性。在这种情况下，由于行政强制法第四十四条规定的是行政机关拆除违法建筑物、构筑物和设施的特别程序，因此，应当适用行政强制法第四十四条，而不应当适用行政强制法第五十条的代履行程序。①

（三）城乡规划法与行政强制法的程序衔接

1. 作出限期拆除决定程序

行政机关对发现存在的违法建设行为，应当进行立案调查，并履行听证和集体讨论程序，经审查认为符合城乡规划法第六十四条“无法采取改正措施消除影响的，限期拆除”所列情形的，应当对行政相对人作出限期拆除决定，决定应载明作出行政行为的主要事实、理由和依据，体现违法建筑物的坐落和特征等要素，同时载明相对人对决定不服时请求救济的途径和期限。

2. 催告执行限期拆除决定程序

限期拆除决定的行政复议、诉讼期限届满或者合法性经人民法院确认后，行政相对人逾期不履行义务的，行政机关应当根据行政强制法第三十五条“行政机关作出强制执行决定前，应当事先催告当事人履行义务”的规定，以书面方式催告相对人履行义务，催告书应载明履行义务的期限和方式，以及相对人的陈述、申辩权。

---

① 在邓某华诉江苏省启东市城市管理局行政强制一案中，法院生效判决认为，根据行政强制法第五十条规定，代履行通常不具有强制性，只有在当事人怠于履行义务的情形下，行政机关才可以选择代履行的方式，且以不履行义务会导致迫在眉前的危害为前提。对建筑物、构筑物、设施的强制拆除，应当遵守行政强制法第四十四条的特别规定，不得随意突破。如果行政机关不加区分地适用代履行，将导致第四十四条规定被架空。该案中，启东市城市管理局对邓某华建设的售货亭以代履行方式实施拆除，不符合法律规定。参见江苏省南通市中级人民法院（2021）苏06行终124号行政判决书。

3. 报请责成强制拆除程序

行政相对人在催告期限内不履行义务的，行政机关应当根据城乡规划法第六十八条“城乡规划主管部门作出责令停止建设或者限期拆除的决定后，当事人不停止建设或者逾期不拆除的，建设工程所在地县级以上地方人民政府可以责成有关部门采取查封施工现场、强制拆除等措施”的规定，报请市、县级以上人民政府批准责成实施强制拆除。

4. 作出强制拆除决定程序

行政机关依据市、县级以上人民政府作出的责成强制拆除行为，并根据行政强制法第三十七条第一款“经催告，当事人逾期仍不履行行政决定，且无正当理由的，行政机关可以作出强制执行决定”的规定，对相对人作出强制执行决定，强制执行决定应当载明强制执行的理由和依据、方式和时间等事项，并载明相对人不服请求救济的途径和期限。行政机关还应当同时将强制执行决定的内容予以公告。

5. 强制拆除决定的协议执行

行政机关可以根据行政强制法第四十二条第一款“实施行政强制执行，行政机关可以在不损害公共利益和他人合法权益的情况下，与当事人达成执行协议……”的规定，与行政相对人达成执行协议，约定分阶段履行，当事人及时采取补救措施的，可以视情减免加处的罚款或者滞纳金。

6. 组织强制拆除程序

行政相对人在强制执行决定和公告确定的日期届满仍未履行义务的，行政机关应当组织实施对违法建筑物的强制拆除。原则上，行政机关不得在夜间或者法定节假日实施强制执行，强制执行时还应进行证据保全，妥善保管屋内物品，体现程序正当。因此，方为合法有效的违法建设行为认定和违法建筑物强制拆除行政程序。

五、结论

以最小的投入得到最大的收获，不仅被普遍认为是有效率的，而且被假定为个人或组织在通常情况下所追求的。根据程序的分配正义哲学，正当法律程序不仅要确保行政权运行和公共利益实现的理性化，使处于利益冲突或竞争态势中的一方公民个体权益得到更好的保护，而且也要确保行政手段的有效性和行政手段效益的最大化，确保有限的行政资源得到更有效的配置，促进其背后隐含的公民集体权益。[①] 在违法建筑认定和拆除的程序链条上，限期拆除决定与强制执行决定是其中的两个坐标，厘清两者关系及其效力范围，是准确适用法律、实现程序控制价值的关键。限期拆除决定是设定限期拆除权利义务关系的法律行为，其合法性一经确认，行政相对人限期拆除的义务就是确定的，此时应当尽快让义务落地，体现规制的有效性。强制执行决定附随于限期拆除决定而存在，等待强制执行决定的救济期限届满后再实施拆除，会让整个社会负担高昂的公共利益恢复成本，诱使行政相对人穷尽所有程序环节的法律救济，极大增加执法、司法成本。因此，单生效解释进路更符合兼顾公共利益维护及时性和私人产权保护有效性的目的解释取向。“立法的结束方是法律适用的开始”，在思维理念上，人民法院应当在个案裁判中提炼出符合法律目的、符合规制目标的法律适用规则，填补法律欠缺，衔接城乡规划法与强制执行法适用，明确行为预期。

① 参见沈岿：《论行政法上的效能原则》，载《清华法学》2019年第4期。

新类型疑难案例选评

邓某、邓某某、许某某与兴某一号产业投资基金（有限合伙）等执行复议案

张丽洁*

【裁判要旨】

由于我国法律及司法解释对人身保险合同财产性权益的可执行性未作明确的规定，致使理论界和司法实务界对此一直存在较大的争议。本案通过对保险法及相关司法解释关于保费、保单现金价值以及“介入权”规则的理论分析，结合民法典人格权保护的精神，认为对于被执行人购买的人身保险合同中的财产权益部分可以强制执行，但是要对人身保险合同所涉及的公共利益与私人利益、债权人利益与被保险人利益、强制执行权与民事权利保障等议题加以考量，充分保障被保险人及受益人的合法权益，对现金价值极低的纯人身保险理财产品则应当豁免执行。

* 作者单位：最高人民法院执行局。

【案件基本信息】

1. 诉讼当事人

复议申请人（被执行人）：邓某

申请执行人：兴某一号产业投资基金（有限合伙）（以下简称兴某一号）

申请执行人：兴某二号产业投资基金（有限合伙）（以下简称兴某二号）

被执行人：成都亲某科技有限公司（以下简称亲某科技）

被执行人：邓某某

被执行人：许某某

2. 案件索引与裁判日期

执行异议：江西省高级人民法院（2019）赣执异 26 号裁定（2019 年 10 月 8 日）

执行复议：最高人民法院（2020）最高法执复 71 号裁定（2020 年 7 月 27 日）

3. 案由

合伙企业财产份额转让

【案情】

兴某一号、兴某二号与亲某科技、邓某某、邓某、许某某合伙企业财产份额转让纠纷案，江西省高级人民法院（以下简称江西高院）作出（2018）赣民初 113 号民事判决判令：亲某科技于该判决生效后十日内向兴某一号、兴某二号支付份额转让款 5421.047 万元及违约金 107.9832 万元、律师费 21 万元等，邓某某、邓某、许某某对上述债务承担连带清偿责任。亲某科技不服提出上诉，最高人民法院以（2019）最高法民终 474 号民事裁定，按亲某科技自动撤回上诉处理。本案进入执行程序后，江西高院冻结并扣划许某某在中国人寿保险股份有限公司四川分公司购买的人身保险产品的现金价值、红利及利息等财产性权益。

邓某向江西高院提出执行异议称，江西高院在执行过程中直接扣划保险产品的现金价值，侵害了邓某或者邓某同意的其他人向申请执行人支付保险产品现金价值款项并受让保险产品的合法权益。江西高院认为，依照《最高人民法院关于人民法院民事执行中查封、扣押、冻结财产的规定》（法释〔2004〕15号，下同）第2条第1款、《最高人民法院关于人民法院民事执行中拍卖、变卖财产的规定》（法释〔2004〕14号）第1条的规定，人民法院可以查封、扣押、冻结被执行人占有的动产、登记在被执行人名下的不动产、特定动产及其他财产权，并有权对该被控制的财产及时采取执行措施。本案中，被执行人购买的人身保险合同，约定了保险事故发生及支付保险金之前投保人申请解除合同时，该保险公司应当向投保人退还该保险合同所属保单的现金价值，因此，保险金给付之前，投保人许某某对该保险合同的现金价值享有请求权且在数额上具有确定性，该现金价值及利息等财产性权益构成被执行人许某某的责任财产，且依照《最高人民法院关于适用〈中华人民共和国保险法〉若干问题的解释（三）》（法释〔2015〕21号，以下简称《保险法司法解释三》）第16条第1款的规定，并不涉及被保险人邓某的合法权益，但并不属于《最高人民法院关于人民法院民事执行中查封、扣押、冻结财产的规定》第5条规定的被执行人及其扶养家属所必需的生活物品和生活费用等不得查封、扣押、冻结的财产范围，可以予以冻结和扣划。另外，依照《中华人民共和国保险法》（以下简称保险法）第15条、第47条的规定，由于该保险合同尚未发生约定的保险金支付情形，投保人许某某可以无条件解除合同，提取该保单的现金价值。因此，本案在被执行人许某某不能清偿债务，又不自行解除保险合同提取保单的现金价值等财产性权益以偿还债务的情况下，该院对该保单的现金价值及利息等财产性权益予以冻结并强制扣划，该执行行为具有替代被执行人许某某对其所享有的财产权益进行强制处置以偿还其所欠债务的行为的法律性质，符合法律规定，对于因保险合同解除产生的损失应自行承担。至于邓某关于要求允许经保险产品的被保险人、受益人或被保险人同意的其他人，向本案申请执行人支付相当于保险产品现金价值的金额后解除对本案保单的冻结和扣划，并将保险产品的投保人变更为支付相当于保险产品的现金价值金额的人员的请求，在本案异议审查阶段执行双方当事人并未达成和解协议，该请求缺乏事实和法律依据。故裁定驳回邓某的异议请求。

邓某不服执行异议裁定，向最高人民法院申请复议，请求撤销异议裁定，解除对本案人身保险产品的强制执行措施，支持其复议请求。

本院查明事实与江西高院查明事实一致。

【案件焦点】

本案争议焦点问题：一是能否强制执行本案人身保险产品的现金价值；二是对人身保险产品的现金价值应如何执行。

【裁判】

一、关于能否强制执行本案人身保险产品的现金价值问题

最高人民法院经审理认为：民事诉讼法（2017 年修正，下同）第 241 条规定，被执行人未按执行通知履行法律文书确定的义务，应当报告当前以及收到执行通知之日前一年的财产情况。《最高人民法院关于适用〈中华人民共和国民事诉讼法〉执行程序若干问题的解释》（法释〔2008〕13 号）第 32 条规定，被执行人财产报告义务的对象包括“债权、股权、投资权益、基金、知识产权等财产性权利”。《最高人民法院关于人民法院民事执行中查封、扣押、冻结财产的规定》第 2 条第 1

款规定，人民法院可以查封、扣押、冻结登记在被执行人名下的不动产、特定动产及其他财产权。商业保险产品属于前述法律规定的其他财产权利的范围。意外伤害、残疾保障类人身保险产品虽然具有一定的人身保障功能，但其根本目的和功能是经济补偿，其本质上属于一项财产性权益，具有一定的储蓄性和有价性，除民事诉讼法第244条及《最高人民法院关于人民法院民事执行中查封、扣押、冻结财产的规定》第5条规定的被执行人及其所扶养家属的生活必需品等豁免财产外，人民法院有权对该项财产利益进行强制执行。人身保险的保单现金价值系投保人支付的，为了支付后年度风险之用的费用，与保险事项发生后，保险公司应当支付的保险金不同，并不具有人身依附性的专属性，也不是被执行人及其所扶养家属所必需的生活物品和生活费用。根据许某某与中国人寿保险股份有限公司四川分公司签订的国寿乐行宝两全保险和国寿附加乐行宝意外伤害住院定额给付医疗险保险合同的内容，以及保险法第15条的规定，在保险金给付之前，投保人许某某对该保险现金价值享有确定的物权所有权。江西高院对该保单的现金价值及利息等财产性权益予以冻结并强制扣划并无不当。

二、对人身保险产品的现金价值应如何执行的问题

江西高院（2019）赣执47号之四协助执行通知书，要求中国人寿保险股份有限公司四川分公司协助的内容是：冻结被执行人许某某及邓某名下的保险产品的现金价值、红利及利息等财产性权益，并将上述两项财产性权益用现金转账形式扣划至该院。首先，人民法院可以强制解除保险合同。根据《最高人民法院关于限制被执行人高消费及有关消费的若干规定》第3条第1款第8项关于被执行人为自然人的，不得支付高额保费购买保险理财产品的规定精神，如被执行人拒不执行生效法律文书确定的义务，在其可以单方面行使保险合同解除权而未行使，致使债权人的债权得不到清偿，人民法院在此情形下可以强制被执行人予

以行使，代替投保人行使解除强制所购的保险合同。其次，由于江西高院执行裁定未明确强制要求保险公司解除保险合同，可以实现保单现金价值，投保人也可以继续与保险公司协商，由符合条件的第三人行使介入权。至于邓某提出保单的现金价值相对于本案债权等实现价值较低，难以切实有效保障债权人债权的理由。经查，许某某及邓某作为案件被执行人以投保人身份为双方购买了多份保险产品，保单现金价值的总额数万元，不属于现金价值较低的情形，且债权人强烈主张予以执行，仅以此理由不足以阻却执行，邓某该复议理由不能成立。

［评析］

人身理财产品强制执行的法律适用

债务人须以其全部合法财产权益向债权人承担清偿责任，这是各国执行法普遍认可的原则。一般而言，除法定的债务人及其所扶养家属所必需的生活物品和生活费用等豁免财产外，其所有财产性权益均属于执行责任财产的范畴。债务人的财产权益不仅指有体物，也包括无形物及财产权利——债务人对第三人享有的债权及其他财产性权益。值得注意的是，带有财产权益性质的人身保险合同的投保人作为被执行人时，其人身保险合同项下的财产权益，尤其是保单现金价值，因囿于我国的法律及司法解释对此未作出规定，是否以及在多大限度内能够作为债务人的责任财产被强制执行成为目前理论界及司法实务界的一项重要的争议焦点。本案例认为应当从当前的争议焦点出发，基于保险法及强制执行法理论与实践的统一，找到一条有助于保障债权人的合法权益，亦不侵害人身保险合同受益人合法利益的最优路径。

一、人身保险财产权益可执行性争议

不管何种人身保险合同，其保险标的或是人的寿命，或是人的身

体，亦或是兼而有之。[①] 正是因为人身保险合同似乎具有此种人身属性，使得无论是在理论界，还是司法实务界，对人身保险财产权益的可执行性一直存在巨大的争议，甚至是截然对立。赞成可对人身保险合同财产性权益强制执行的观点认为，人身保险合同财产性权益在本质上是一般金钱债权，不具专属性，可以作为被执行人的责任财产强制执行。特别是保单现金价值的可强制执行性得到了学界多数学者的认可。[②] 在司法实践中，持此观点的法院认为，保险单现金价值系基于投保人支付的保险费用产生，投保人可通过解除保险合同提取，在性质上构成投保人合法所有的财产权益，属于民事责任财产。[③] 反对强制执行人身保险合同财产性权益的观点认为，人身保险合同具有很强的人身权的属性，不应成为执行对象。[④] 在司法实践中，持此观点的法院认为，人寿保险合同具有很强的人身保障功能，对保单现金价值的强制执行将会危及被保险人的生存权益，因此该保单现金价值不能被强制执行。[⑤]

对人身保险合同财产性权益强制执行问题不应一概而论。无论哪种

---

① 人身保险合同，以人的寿命或身体为保险标的的保险合同，是投保人与保险人约定当发生合同约定范围内的意外事故、意外灾害或疾病、年老等原因导致被保险人死亡、伤残或丧失劳动能力，或者合同约定的期限届满时，保险人按照约定承担给付保险金责任的协议。参见范健、王建文、张莉莉：《保险法》，法律出版社 2016 年版，第 216 页。

② 持此观点的学者有史尚宽、江朝国、岳卫等学者，参见史尚宽：《民法总论》，中国政法大学出版社 2000 年版，第 23 页；江朝国：《保险法基础理论》，中国政法大学出版社 2002 年，第 189 页；岳卫：《人寿保险合同现金价值返还请求权的强制执行》，载《当代法学》2015 年第 1 期。

③ 参见山东省高级人民法院（2015）鲁执复字第 108 号、（2015）鲁执复字第 112 号及（2016）鲁执复 119 号案件、吉林省长春市中级人民法院（2018）吉 01 执复 58 号、广东省高级人民法院（2015）粤高法执复字第 136 号、河南省林州市人民法院（2016）豫 0581 执异 26 号等民事裁定书。

④ 持此观点的学者有林刚、周庆、奎亮等学者，参见林刚《人民法院强制退保以执行投保人债务之我见》，载《上海保险》2009 年第 1 期；周庆、奎亮《法院能否强制执行人寿保险保费》，载中国法院网，https：//www. chinacourt. org/article/detail/2010/12/id/437601. shtml，2010 年 12 月 2 日访问。

⑤ 参见广东省高级人民法院（2015）粤高法执复字第 136 号、浙江省温州市中级人民法院（2014）浙温执复第 36 号、浙江省瑞安市人民法院（2016）浙 0381 执 3565 号、河北省石家庄中级人民法院（2015）石执审字第 00070 号、辽宁省锦州市中级人民法院（2017）辽 07 执复 20 号等裁定书。

类型的人身保险，其权利根基均包含财产权和人身权两种权益。人身保险合同中的财产权益可因以转让、继承和放弃，可以纳入责任财产的范围。但是纯人身保障型的保险合同则不同，虽然健康和身体作为保险标的可以用金钱来计算其价值，但是消费型的重疾险、意外险对于已支付保费未“出险”的投保人，是不会返还现金价值的或者返还的现金价值极低。所以，应当辩证地看待人身保险合同财产性权益的强制执行性问题。

二、人身保险合同财产性权益强制执行的价值考量

人身保险合同涵摄了不同类型的利益主体，一般高度残疾保险金的受益人为身体高度残疾的被保险人本人，而死亡保险金的受益人则为投保人所指定的保险金受益人。在执行过程中，执行机构与债权人、保险公司、投保人、被保险人、受益人之间，都直接或间接地发生公法上或者私法上的关系。在对人身保险合同财产性权益强制执行时，应考虑诸利益冲突。

（一）公共利益与私人利益相衡量

虽然普通人身保险与纯人身保险都是以人的生命和身体作为保险标的的险种，但是普通人身保险承保的是被保险人期满生存时，保险人给付的养老金、期满生存金，或者是被保险人因人体衰老的自然规律导致死亡时的死亡保险金，这些都与被保险人的年龄有密切关系。而纯人身保险承保的则是被保险人由于外来的、非本意的、突发重大疾病造成的身体伤害、残疾或者死亡的保险金，这些危险与被保险人的年龄没有关系，且只要保险金没有达到赔偿的最高限额，再发生约定疾病的，合同继续有效。

需要指出的是，人的生命的经济价值不仅仅是他本身存在的价值，还体现在他与其他生命的关系中，生命的延续都应该有利于他人，包括

配偶、父母、后代等。随着癌症、罕见病等重大疾病越来越趋向于年轻化，越来越多的人开始关注和购买人身和健康保险。人身保险中的重疾险也越发体现出其补充医疗保险和解决收入损失的性质，受益人获得的保险金不仅包括治疗费，还包括大概五年内可以保持原有生活水平的子女教育、赡养父母等责任相关费用以及身故赔偿金。可以说，“人身保险，具有强烈经济保障功能，蕴藏着一定的人道主义伦理价值”。[①]

（二）债权人利益与被保险人利益相衡量

1. 禁止债权人权利滥用

执行程序设置的目的是保护债权人合法权益，确保债权如期实现。早期的强制执行程序中，债权人的意思被认为是推动执行的“源权”。国家只是债权人的代理人。[②] 随着民事诉讼法的公法化趋势，强制执行理论中债权人意思主义开始逐渐被司法权所替代，对债权人的权利的行使也逐渐加以限制，理论界及实务界越来越认可，债权人权利行使要与被执行人或第三人的福祉相协调；例如我国民法典第132条明确规定禁止民事主体滥用权利损害他人合法权益，但禁止权利滥用也不能仅仅以一方利益大小为唯一的衡量标准，这样可能会发生债权人在利益小于被保险人利益的情形时无法主张其权利的弊端。[③] 在对保单现金价值执行的利益与保险合同继续存续时被保险人能享受的利益相比，继续履行合同对被保险人的人身及健康权益保障更大时，债权人继续要求执行保单现金价值属于权利滥用。

2. 债权实现要坚持目的与手段相适应的比例原则

强制执行程序的设立旨在实现债权人财产权益和债务人利益实现的

---

① 吴庆宝：《保险诉讼原理与判例》，人民法院出版社2005年版，第388页。

② 参见肖建国：《论民事诉讼中强制拍卖的性质和效力》，载《北京科技大学学报（社会科学版）》2004年第4期。

③ 参见王利明：《法律解释学》，中国人民大学出版社2016年版，第113页。

“最大公约数”。强制执行应符合执行中变价合理以及最大利益原则。坚持比例原则也是最高人民法院在执行工作中的具体要求。即对于执行中相对于执行标的而言价值较小，但对被执行人权益影响较大的财产，不宜强制执行。[①]

在人身保险合同中，特别是纯人身保障产品由于保险公司的风险评估值较大，导致退保后的保单现金价值极低。以某人寿保险股份有限公司的一份意外伤害住院医疗保险为例，被执行人作为投保人每年支付金额较小（每年交300元，五年共计1500元），但被保险人获得的保障却是极高的：10万元乘以千分之二以实际住院天数给付意外伤害住院保险金，累计住院天数可高达1000日，但是该种险退保后的现金价值只有几百元甚至更少，且一旦此类保险合同被强制解除，被保险人想再次投保时，可能因其年龄以及健康状况不再符合保险公司的要求，而遭到拒保或者提高保费，导致这份经济保障将永久丧失，对其本人及社会弊大于利。

（三）强制执行权与民事权利保障相衡量

1. 人身保险合同解除权代位行使分析

在债务人（投保人）不主动或不同意解除合同的情况下，执行法院能否直接替代债务人向保险人行使合同解除权或撤销权，从而实现现金价值返还请求权？对此，各地法院做法不一，各地出台的规范性文件也不尽相同。例如，北京市高级人民法院认为，不得强制解除保险合同，上海市高级人民法院认为，鉴于重大疾病保险、意外伤残保险、医疗费用保险等产品人身专属性较强、保单现金价值低，但潜在可能获得

① 2019年12月公布的《最高人民法院关于在执行工作中进一步强化善意文明执行理念的意见》第2条规定：“人民法院在执行过程中也要强化善意文明执行理念，严格规范公正保障各方当事人合法权益；要坚持比例原则，找准双方利益平衡点，避免过度执行。”

的保障大，人民法院应秉承比例原则，对该类保单一般不作扣划。[①] 浙江省高级人民法院认为，一般应由投保人签署退保申请书，[②] 广东省高级人民法院认为，如果被执行人不同意退保，法院不能强制被执行人退保，[③] 江苏省高级人民法院认为，在投保人下落不明或者拒绝签署退保申请书时，人民法院可以直接要求保险公司解除保险合同，并协助扣划在保险产品退保后可得的财产性权益。[④] 广州市中级人民法院认为，人身保险保单现金价值可以执行，但必须遵守谦抑原则。对重疾险、意外伤残险、医疗险原则上不予执行现金价值。[⑤] 民事强制执行法（草案）规定，被执行人的其他财产不足以清偿执行债务的，人民法院可以依法通知保险公司解除被执行人作为投保人的人身保险合同，执行其享有的

① 参见上海市高级人民法院于2021年11月8日与八大保险机构达成的《关于建立被执行人人身保险产品财产利益协助执行机制的会议纪要》。

② 浙江省高级人民法院执行局于2015年3月6日出台的《关于加强和规范对被执行人拥有的人身保险产品财产利益执行的通知》（现已失效）（浙高法执〔2015〕8号）第1条规定："投保人购买传统型、分红型、投资连接型、万能型人寿保险产品、依保单约定可获得的生存保险金、或以现金方式支付的保单红利或退保后保单的现金价值，均属于投保人、被保险人或受益人的财产权。当投保人、被保险人或受益人作为被执行人时，该财产权属于责任财产，人民法院可以执行。"第5条规定："人民法院要求保险机构协助扣划保险产品退保后可得财产利益时，一般应提供投保人签署的退保申请书。但被执行人下落不明，或者拒绝签署退保申请书的，执行法院可以向保险机构发出执行裁定书、协助执行通知书，要求协助扣划保险产品退保后可得财产利益，保险机构负有协助义务。"

③ 《广东省高级人民法院关于执行案件法律适用疑难问题的解答意见》问题十一"被执行人的人寿保险产品具有现金价值，法院能否强制执行?"处理意见为："虽然人寿保险产品的现金价值是被执行人的，但关系人的生命价值，如果被执行人同意退保，法院可以执行保单的现金价值，如果不同意退保，法院不能强制被执行人退保。其次，如果人寿保险有指定受益人且受益人不是被执行人，依据保险法第42条的规定，保险金不作为被执行人的财产，人民法院不能执行。"

④ 《江苏省高级人民法院关于加强和规范被执行人所有的人寿保险产品财产性权益执行的通知》（现已失效）规定，可执行的人寿保险产品财产性权益包括"依保险合同约定可领取的生存保险金、现金红利、退保可获得的现金价值，依保险合同可确认但尚未完成支付的保险金，及其他权属明确的财产型权益"；并规定"投保人下落不明或者拒绝签署退保申请书的，人民法院可以直接向保险公司发出执行裁定书、协助执行通知书，要求保险公司解除保险合同，并协助扣划保险产品退保后的可得财产性权益，保险公司负有协助义务"。

⑤ 参见广州市中级人民法院2023年4月19日发布的《商业保险产品财产利益执行联动机制会议纪要》。

现金价值债权。[①] 其实，无论是由法院强制解除保险合同还是扣划保单现金价值，均会导致保险合同解除或无法继续履行。所以对人身保险合同的财产性权益采取强制处分措施时，应当尤为慎重。

2. 人身保险合同的解除权能否由债权人代位行使

代位权的客体为到期债权，具有金钱给付性和非专属于债务人人身性的特点。具体而言，首先，“合同解除权属于以财产利益为目的的形成权”[②]，具有金钱给付内容。其次，之所以规定“到期债权”，是为了保护合同相对方的合法权益，在未到期合同强制解除的情况下，会给合同相对方权益造成损害。但是根据保险法第15条、第47条的规定，投保人解除保险合同属于法定解除权，[③] 且法律没有就解除权的发生设置任何限制，[④] 一旦投保人行使解除权，保险公司应在接到投保人解除合同的通知之日起的三十日内，按照合同约定退还保险单的现金价值。可以看出保单现金价值因合同相对方不具有抗辩权而具有“虽未到期但可随时到期性”。再次，解除条件成就保险合同的效力终止，是否损害受益人基于保险金的请求权问题。对此可以运用目的与手段相适应的比例原则，如果受益人举证证明该保险金是受益人唯一或绝大部分的生活保障来源，则拟应否定债权人介入保险合同行使解除权的权利，认定该现金价值返还请求权具有人身专属性，反之，则应将该现金价值视为与存款相同性质的责任财产。最后，虽然原则上代位权设立目的是保障债

① 草案第159条规定：“被执行人的其他财产不足以清偿执行债务的，人民法院可以依法通知保险公司解除被执行人作为投保人的人身保险合同，依据本节规定执行其享有的现金价值债权。投保人与受益人不一致的，人民法院应当告知受益人可以在指定期限内向人民法院支付相当于保单现金价值的价款，变更自己为投保人。受益人拒绝支付或者逾期未支付的，人民法院可以依法通知保险公司解除人身保险合同。”

② 周昌昊、张长青：《论债权人代位权客体扩张及行使范围》，载《内蒙古大学学报（人文社会科学版）》2007年第1期。

③ 保险法第15条规定：“除本法另有规定或者保险合同另有约定外，保险合同成立后，投保人可以解除合同，保险人不得解除合同。”

④ 例外情形是保险法第50条规定：“货物运输保险合同和运输工具航程保险合同，保险责任开始后，合同当事人不得解除合同。”

权而非保障诉权。但是在投保人对保险公司享有撤销权，而投保人不主张该权利，从而危及债权人债权现实时，债权人可以代投保人向保险公司行使解除权。

笔者认为，对不同类型人身保险合同的执行能否由执行机构直接替代投保人解除保险合同需要加以具体分析考量。对于投保人、被保险人及受益人非同一民事主体的人身保险合同，应当借鉴域外，采用“介入权”的方式来平衡和保护债权人、被保险人及受益人的合法权益。日本保险法为解决投保人之债权人申请人民法院强制执行保险单现金价值的问题，创设了保险金受益人介入权制度。根据日本保险法第60条第2款、第62条第1款规定，相关解除权人行使解除权的，解除效力自保险人收到通知开始后一个月开始生效，在此期间，若保险金受益人经投保人同意，向解除权人支付了如果该解除生效则保险人应当向解除权人支付的金额，并就该支付行为通知了保险人，则解除权人的解除不发生效力。[①] 德国保险合同法第170条规定了受益人介入制度；[②] 通过这一制度分配，为受益人提供了阻却解除权人解除合同的救济途径。我国经借鉴吸收域外法的“介入权”制度，在《保险法司法解释三》中规定，被保险人、受益人可以通过支付对价、赎买等方式阻断保险合同被强制解除。[③] 虽然与执行相关的法律中未规定执行中要如何运用“介入权”规则，但是执行中要灵活司法，参照《保险法司法解释三》关于“介入权”规定的精神，赋予被保险人、受益人行使“介入权”的权利，避免一律解除人身保险合同，机械执法、就案办案的问题。如

① 参见岳卫：《日本保险法的立法原则及对我国的借鉴意义》，载《当代法学》2009年第4期。

② 德国保险合同法第170条规定：“当保险金请求权被强制扣押或强制执行，或要保人之财产开始破产程序时，记名受益人得经要保人同意，计入保险契约，取得要保人之地位。”即受益人可以经投保人同意，介入保险合同，取得投保人地位，但必须在投保人所能向保险人请求的额度内，满足执行债权人的要求。

③ 《保险法司法解释三》第7条规定：“当事人以被保险人、受益人或者他人已经代为支付保险费为由，主张投保人对应的交费义务已经履行的，人民法院应予支持。”

此，既可以维持人身保险合同的继续履行，促进保险市场的健康有序发展，也可以兼顾债权人与受益人之间的合法权益，保障投保人、受益人和债权人等多方需求。

执行中允许被保险人、受益人行使“介入权”的核心有三个部分：一是对已支付保费的补偿；二是对将来保费支付的安排；三是禁止投保人继续以责任财产支付保费。只要解决了保费续缴问题，就可以解决投保人和债权人之间的利益冲突，既能够实现债权又可以继续维持保险合同的效力。需要注意的是，为保障执行效率，应当赋予执行机构对人身保险合同是否属于可以豁免执行的纯人身保险合同的形式审查权，对执行机构的形式审查结果，可以允许被保险人与受益人根据民事诉讼法（2021年修正）第234条规定提起执行异议之诉。

三、结论

第一，对于兼具人身保障和理财功能的混合型人身保险产品中涉财产增值保值的保险现金价值部分可以强制执行。这种类型保险的根本目的和功能是经济补偿，即保险单现金价值乃基于投保人支付的保费形成，系投保人合法所有的财产权益，可纳入投保人的责任财产范畴。同时，虽然混合型保险兼具人身保障属性，但是这种人身价值所占分量较少且一般对现金价值可以进行拆分。将纯人身保障权保费扣除后，剩余的现金价值部分财产权益可以被视为被执行人的责任财产。

第二，对现金价值极低的纯人身保障型合同，应不予强制执行。纯人身保障型合同一般表现为人身意外伤害、残疾、身故、住院医疗及重疾类纯保障型、消费型保险。该类保险合同是为被保险人的身体和健康的未来风险支付的保费，故一般不“出险”所支付保费即“清零”，或有现金价值，但现金价值极低。

第三，对债权人购买多份纯人身保险的保单可以基于“保障被执行人生活必需的”立法原意下，豁免执行其中的一份，对其余保险合同，应给予被保险人及受益人行使“介入权”的机会。如果被执行人作为投保人签订了多份纯人身保险合同，可以在符合一定条件的情况下，允许为其保留一份合同。其余的纯人身保障保险合同在进行处分措施之前，执行机构应当给被保险人、受益人发出执行通知书，告知其可以限期行使“介入权”，将保险现金价值交到法院并更换为保单的投保人。逾期，法院将强制执行该保险合同的现金价值。

最新法律文件解读丛书

稿　约

最新法律文件解读丛书是一套以为最新法律规范提供同步"解读"为主的系列丛书，分为刑事、民事、商事、行政与执行4个分册，按月出版。

本丛书以"解读"为重点，突出全、专、新、快、准等特点，通过对最新出台的法律、法规、司法解释、部门规章以及重要地方性法规进行同步动态解读，弥补了法律、法规、司法解释汇编类出版物没有同步阐释、解读内容的不足，为广大读者学习理解最新法律规范，正确贯彻执行法律文件，及时解决实践中的新情况、新问题，提供一个全方位、多层面的法律信息平台。

欢迎您向以下栏目赐稿：

【最新法律文件解读】主要是对最新颁行的法律文件进行解读，帮助司法和执法人员正确理解法律文件的立法背景、意义、重点内容、在适用中应注意的问题、与相关法律文件的衔接与互动关系等。

【司法实务问题研究】主要刊登对司法理论、实务及司法管理工作中的热点、疑难问题进行研究及评论的文章。

【新类型疑难案例选评】主要是对司法和行政执法实践中具有典型性和代表性的疑难案例，结合具体案情以及审理或处理结果进行简练精辟的点评，解析认识问题的方法、处理问题的法律依据和在个案中的具体适用。

【法学前沿与新视点】以摘要的形式刊登相关法学理论研究的最新动态及具有代表性和典型性的前沿问题，扩展法学研究的深度和广度。

【法律适用问题解答】主要针对司法和行政执法实践中面临的新问题、热点问题、疑难问题进行简要的解答，指出涉及的法律关系，明确法律适用依据。

稿件一经刊用即付稿酬，稿酬从优。

《刑事法律文件解读》　杨晓燕　邮箱：5184621@qq.com

《民事法律文件解读》　杨　洁　邮箱：1216921515@qq.com

《商事法律文件解读》　路建华　邮箱：shangshijiedu@126.com

《行政与执行法律文件解读》　丁塞峨　邮箱：1290312696@qq.com

人民法院出版社

最新法律文件解读丛书编辑部